Asgodom

Eigenlob stimmt

Sabine Asgodom

EIGENLOB STIMMT

Erfolg durch Selbst-PR

Econ

Econ ist ein Verlag der Ullstein Buchverlage GmbH

5. Auflage 2007

ISBN 978-3-430-11086-0

© 1996 by Ullstein Heyne List GmbH & Co. KG, München
Gesetzt aus der 10,9 / 14,8 Punkt Rotis Serif in PostScript
Herstellung: Helga Schörnig
Satz: Schaber Satz- und Datentechnik, Wels
Druck und Bindearbeiten: Clausen & Bosse, Leck
Printed in Germany
Alle Rechte vorbehalten

Inhalt

Nur wer sich zeigt, kann entdeckt werden 7

Die magische Sieben der Selbstdarstellung 17

Entlarven Sie Bremser und Antreiber 27
Von der Kränkung zum Versagen 33
Vom Bravsein zum Perfektionswahn 34
Von Deutschlands Dümmstem zum Workaholic 37
Von der mangelnden Anerkennung
zur Selbstsabotage 38
Von der fehlenden Streitkultur zu Autoritäts-
problemen 40

Das macht Sie einzigartig 47
Entdecken Sie Ihren USP 53
Noch besser werden mit der Madonna-Methode 62

Träumen Sie nicht, schreiben Sie 67
Die Schlagzeilen-Übung 68
Das Drei-Millionen-Euro-Projekt 71
Die Reise in die Zukunft 75

Definieren Sie Ihre Zielgruppe 83
Anlaufstellen für Angestellte 85
Freie Fahrt für Freiberufler 86
Superkunden für Selbstständige 88
Die umwerfende Unterstützer-Strategie 92

Zeigen Sie Kompetenz 99
Worin sind Sie Experte/Expertin? 100
Themen schaffen Interesse 103

PR-Planung: Vom Drehbuch zur Performance ... 107
Noch besser reden lernen 113
    Vermeiden Sie die sieben Saboteure 113
    Erfolg mit KISS 117
Besser schreiben lernen 119
    Einen guten Stil entwickeln 120
Persönlichkeit, Image und Charisma 125
    Die ersten dreißig Sekunden 128
    Mut zum aufrechten Gang 133
    Die fünf »K« zum Charisma 134

Überzeugend auf allen Bühnen 141
Begeisternd bei Bewerbungen 141
Berühmt durch ein Buch 146
Effektiv bei Events 151
Geschickt in Gehaltsverhandlungen 154
Gut gelaunt in Gesprächen 158
Intelligent im Internet 161
Lustig im Lift 164
Kommunikativ auf Kongressen 167
Meisterhaft auf Messen 171
Munter in Meetings 173
Präsent in der Presse 177
Hervorragend in Hauszeitschriften 183
Professionell bei Präsentationen 184
Top am Telefon 188

Jetzt geht's richtig los 192

Nur wer sich zeigt, kann entdeckt werden

Woran liegt es, dass der eine Karriere macht und der andere nicht? Woran liegt es, dass die eine Aufträge ohne Ende bekommt und die andere mühsam akquirieren muss? Woran liegt es, dass die einen in der Branche gehandelt werden und die anderen niemand kennt? An ihrem Können? Sicher auch. An Ihrer Selbstdarstellung? Sehr wahrscheinlich. Ich glaube nicht, dass jemand, der gar nichts beherrscht, sich in der »First Class« halten kann. Aber ich bin sicher, dass sich viele gute Leute unter Wert verkaufen, im Verborgenen wirken, unter ihren Möglichkeiten bleiben. Und das ist schade.

Dieses Buch ist nicht für Schaumschläger, Angeber, Mogelpackungen. Dieses Buch will Menschen, die wirklich etwas können, helfen, sich gut nach außen darzustellen, auf sich aufmerksam zu machen, sich ins rechte Licht zu rücken. Denn wie heißt es im Amerikanischen: »They won't like you if they don't like your show.« Es gibt zu viele ähnlich Qualifizierte, zu viele ähnliche Produkte, ähnliche Dienstleistungen, da heißt es, sich durch das Auftreten und die Selbstdarstellung zu unterscheiden.

Überall gilt: Gut sein allein genügt nicht. Man muss es auch zeigen! Nur wer sich zeigt, kann entdeckt werden. Ich selbst war viele Jahre ein Amateur in dieser Hinsicht. Ich dachte: Die anderen müssen doch sehen, wie gut ich bin. Heute weiß ich: Die anderen haben etwas anderes zu tun, als uns bei der Arbeit zuzusehen. Ich habe nie darauf geachtet, mich gut zu verkaufen, ich habe meine ganze Konzentration auf meine Arbeit gelegt. Bis ich gelernt habe:

Wir selbst sind verantwortlich dafür, ob wir im Licht stehen oder im Schatten, ob wir als Experte/Expertin auf unserem Fachgebiet gelten oder als »ganz nett«. Nicht die anderen sind schuld, wenn wir nicht »entdeckt« werden, sondern wir selbst müssen strategisch vorgehen, um den Fokus auf uns, unsere Talente, unser Potenzial, unser Angebot zu lenken.

Mitte der neunziger Jahre entdeckte ich, damals noch Redakteurin der Zeitschrift *Cosmopolitan*, in der amerikanischen Schwesterausgabe einen Bericht darüber, welche Kriterien dafür entscheidend sind, ob jemand befördert wird. Beim US-Konzern IBM waren Abteilungsleiter und Personalreferenten danach gefragt worden, und sie nannten vor allem drei Qualitäten, die für beruflichen Rückenwind hilfreich wären: erstens »Performance«, also die Qualität der Arbeit, unsere Leistung; zweitens »Image«, also die Selbstdarstellung, den Eindruck, den wir bei anderen erzielen; und drittens »Exposure«, also das Maß der Bekanntheit im Unternehmen.

Was mich schier umwarf, war die Gewichtung dieser drei Kriterien:

- Leistung spielt zu zehn Prozent eine Rolle.
- Selbstdarstellung macht dreißig Prozent des Erfolgs aus.
- Kontakte und Beziehungen sind zu sechzig Prozent dafür verantwortlich, ob jemand Karriere macht oder nicht.

Als ich mich vom ersten Schock erholt hatte, wurde mir klar: Diese Kriterien für Erfolg gelten bei uns ganz genauso. Nicht der Beste wird automatisch befördert, sondern der, der seine Qualitäten auch signalisiert, der sich bei den richtigen, wichtigen Leuten bekannt macht. Wie oft haben wir uns doch alle schon gefragt: Wie hat der das geschafft?

Ich wehrte mich lange gegen diese Erkenntnis, weil ich sie ungerecht fand und zu den Menschen gehört hatte, die vor allem in Leistung investierten – noch mehr arbeiten, noch besser werden, noch selbstkritischer ... Doch dann begann ich den Umkehrschluss zu ziehen: Wenn denn Erfolg von der guten Selbstdarstellung abhängt, dann müssten doch auch die, die gut sind, davon profitieren können.

Ich entwickelte eine Strategie, die ich Selbst-PR nannte, also Public Relations, Öffentlichkeitsarbeit für sich selbst. Diesen Begriff hat es nach meiner Kenntnis vorher nicht gegeben. Meine Selbst-PR-Strategie für mehr Erfolg veröffentliche ich erstmals 1996 im Econ Verlag, erarbeitete ein praktisches Seminarkonzept daraus und habe seither über zehntausend Menschen in Sachen Selbst-PR trainiert! Heute ist dieser Begriff längst in die deutsche Umgangssprache aufgenommen worden; die von mir entdeckte Studie wird in Artikeln und Büchern zitiert. Auf unzähligen Kongressen und Veranstaltungen habe ich meine Methode vorgestellt. (Ich habe sie inzwischen um eine Grundlage erweitert. Sie sind die Ersten, die diese neue vollständige Methode nachlesen können). Und was mir am meisten Spaß macht: Ich selbst bin das beste Beispiel dafür, dass meine Methode funktioniert. Es ist tatsächlich möglich, durch gute Selbst-PR eine Art Sogwirkung zu erzielen; zu erreichen, dass Aufträge mich suchen, nicht ich die Aufträge.

Erst 1999 machte ich mich mit meinem eigenen Trainingsunternehmen ASGODOM LIVE selbstständig, nachdem ich sieben Jahre lang neben meinem Job als Journalistin ab und zu Vorträge gehalten und Seminare durchgeführt hatte. Und ich schaffte es innerhalb kürzester Zeit, in die Champions League der deutschen Trainingsszene aufzusteigen, was die Bekanntheit und das Umsatzvolumen betrifft. Stellen Sie sich mal vor, ich hätte es selbst nicht geschafft, mithilfe von Selbst-PR mein

Ziel, nämlich ganz oben mitzuspielen, zu erreichen. Wäre irgendwie die Trainerin Nummer 1288 geworden. Das hätte doch bedeutet, dass meine Methode ein Käse ist, ein leeres Versprechen, einfach Schmarren.

Aber ich kann Ihnen versichern: Sie funktioniert wirklich! Ich habe einige der besten deutschen Unternehmen als Kunden, ohne jemals akquiriert zu haben. Ich werde als Referentin auf die interessantesten Kongresse in Deutschland eingeladen, ohne mich jemals darum beworben zu haben. Ich werde als Selbstvermarktungsexpertin regelmäßig in der Presse zitiert, komme im Fernsehen und im Radio zu Wort, ohne jemals selbst einen Redakteur angerufen zu haben. Und das mithilfe überzeugender Selbst-PR. (Wie ich dies im Einzelnen angestellt habe, werden Sie im Verlauf dieses Buches erfahren.) Zu erwähnen, dass ich ansonsten natürlich genial bin, verbietet mir meine angeborene Bescheidenheit.

Nein, Quatsch, was soll's: Ich bin richtig gut! Heute weiß ich es. Und ich kann dazu stehen: Ich bin eine talentierte Rednerin, begeistere mein Publikum, mache meine Auftraggeber glücklich, reiße jeden müden Kongress herum, motiviere Menschen, bringe Dinge auf den Punkt. Ich bringe Menschen zum Lachen und zum Lernen, mache Mut und verbreite Lebensfreude, kann Menschen stärken und sie strahlen lassen. Helfe als Coach, Konzepte und Strategien zu entwickeln und umzusetzen.

Noch vor wenigen Jahren hätte ich mir lieber die Zunge abgebissen, als so etwas von mir selbst zu behaupten. Aber heute stehe ich dazu, weil ich weiß, dass es stimmt! Nicht nur, weil ich regelmäßig positives Feedback von außen bekomme, sondern weil ich bei meinen Auftritten selbst merke, dass ich bei mir bin, bei meinen Fähigkeiten, bei meinem Lebensspaß. Weil ich das tue, was ich wirklich kann. Das sage, wovon ich wirklich überzeugt bin. Weil ich Menschen mag, mich mit ihnen verbinde, mich auf sie einlasse und an ihnen wachse.

Doch das alles dürfte ich nicht beweisen, wenn ich nicht auf mich aufmerksam gemacht hätte, wenn mir niemand eine Bühne dafür bieten würde, wenn mich nicht andere empfehlen würden, wenn Kunden nicht auf mich aufmerksam würden. Es ist mühsam, durch die Welt zu laufen und ständig »Ich bin der Größte« zu brüllen; man erntet dabei vor allem Misstrauen oder Spott. Viel angenehmer ist es doch, wenn andere unser Hohes Lied singen. Und das erreichen wir mit gelungener Selbst-PR.

Absolut hinderlich sind dabei Understatements wie »Na ja, das läuft so ganz gut ...«, »So blöd bin ich wohl doch nicht ...« oder »Man schlägt sich so durch ...« Zauberhaft sympathisch – aber dämlich! Ich habe gelernt, dass ich mir selbst Möglichkeiten beschneide, wenn ich meine Wirkung zurücknehme. Dass ich weniger erreiche, wenn ich weniger verlange. Dass ich weniger Spaß habe, wenn ich mich reduziere. Dass ich weniger erreiche, wenn ich mich vor Menschen zurückziehe. »Eigenlob stinkt«, diesen Spruch haben wir zur Genüge gehört. Ich möchte zusammen mit Ihnen ein neues Verständnis entwickeln für »Eigenlob stimmt«.

Mit großer Freude las ich vor kurzem eine afrikanische Geschichte: Ein Mann schickt seine beiden Söhne, Tambu und Rafiki, hinaus ins Grasland, um sich in den Dörfern umzusehen. Er gab ihnen den Auftrag: »Hinterlasst Zeichen auf eurem Weg.« Die beiden Söhne gehorchtem dem Vater und gingen hinaus ins Grasland. Nach wenigen Schritten schon begann Tambu, Zeichen auf seinem Weg zu machen. Er knüpfte einen Knoten in hohe Grasbüschel, dann ging er ein Stück weiter und knickte einen Zweig von einem Busch. Dann knüpfte er wieder Knoten ins Grasbüschel. So war der ganze Weg, den er ging, voller Zeichen. Aber er zog sich von allen Menschen zurück und sprach mit niemandem. Ganz anders verhielt sich sein Bruder Rafiki. Er machte keine Zeichen am Weg. Aber im ersten Dorf setzte er sich zu den Männern im großen Palaverhaus, hörte zu, aß und trank mit ihnen und erzählte aus seinem Leben. Im nächsten Dorf schloss Rafiki Kontakt mit einem Jungen, der ihn mit zu seiner Familie nahm, ihn in die Dorfgemeinschaft einführte. Im dritten Dorf bekam Rafiki von einem Mädchen bei der sengenden Hitze einen kühlen Trunk angeboten und durfte das Dorffest mitfeiern.

Tambu bekam von alledem nichts mit: Er hatte Arbeit mit seinen Grasbüscheln und den geknickten Zweigen.

Als die beiden Brüder nach ihrer Heimkehr dem Vater von ihren Erlebnissen erzählt hatten, machte er sich mit ihnen auf denselben Weg. Überall wurde Rafiki mit seinem Vater herzlich aufgenommen – Tambu aber kannte kein Mensch. »Ich verstehe nicht, warum mich keiner kennt«, sagte Tambu, alle sind zu Rafiki freundlich, der nichts anderes getan hat als geguckt; kein einziges Grasbüschel hat er geknüpft und wird von allen gekannt und geehrt.«

Da sagte der Vater: »Es gibt noch andere Zeichen als Grasbüschel, mein Kind. Das sind Zeichen, die ein Mensch in den Herzen anderer Menschen hinterlässt, wenn er zu ihnen geht, mit ihnen spricht und ihnen seine Freundschaft zeigt. Solche Zeichen hat Rafiki auf seinem Weg hinterlassen; darum haben ihn die Leute wiedererkannt und freundlich gemocht, wenn er kommt. Solche Zeichen in den Herzen der Menschen bleiben, wenn die Grasbüschel längst von der Tieren gefressen oder vom Wind weggetragen worden sind.« Da sagte Tambu: »Ich will auch lernen, solche Zeichen auf meinem Weg zu hinterlassen wie Rafiki« (aus: Rudolf Walter, »Gelassen werden«).

Wir leben im Zeitalter der Kommunikation. Geschäftskulturen wandeln sich, der Wettbewerb wird immer härter. Aber: Nicht die Großen werden die Kleinen fressen, nicht einmal die Schnellen die Langsamen, sondern – davon bin ich überzeugt: Diejenigen werden in Zukunft Erfolg haben, die mit Menschen besonders gut kommunizieren können. Die Verbindung aufbauen und Kontakt pflegen, die sich Netzwerke schaffen und sich in der Gemeinschaft zeigen. Die werden erfolgreich sein, die zuhören können, sich auf Menschen einlassen, die ihr Anliegen vermitteln können, andere begeistern und gemeinsame Ziele kommunizieren. Die Zukunft gehört denen, die »palavern« können.

Ich möchte Sie in diesem Buch ermutigen, zu Ihren Stärken zu stehen, zu strahlen, Ihre Einzigartigkeit zu zeigen! Innere Barrieren und äußere Hindernisse zu überwinden, um Ihre Ziele zu verfolgen. Ich möchte Sie ermutigen, Ihr Expertentum in Ihrem eigenen Bereich zu erkennen und zu zeigen, sich Bühnen zu suchen und den Spot auf sich zu richten. Kurz: Die Nummer eins in Ihrer Welt zu sein.

Ich bin sicher, dass die Welt den freundlichen Egoisten gehört. Also Menschen, die wissen, wer sie sind und was sie können. Die aber nicht dampfwalzengleich die anderen überrollen, nur nach dem eigenen Vorteil gieren, andere erniedrigen und sich auf deren Kosten bereichern. Sondern Menschen, die nach dem »Win-win-Prinzip« vorgehen: Was nützt mir, wovon auch andere etwas haben? Wie kann ich mein Beziehungsmanagement aufbauen und gegenseitigen Nutzen stiften? Wie gebe ich Empfehlungen und werde empfohlen?

Diese Menschen sind stolz auf sich. Sie sind nicht arrogant oder eitel. Da gibt es große Unterschiede. Stolz entsteht aus Stärke. Sie wissen, wer sie sind und haben deshalb keine Angst vor anderen, vor Konkurrenz. Sie müssen andere nicht kleiner machen, sich nicht aufspielen. Sie können einfach sie selbst sein und dies nach außen vermitteln.

Arroganz und Eitelkeit dagegen entstehen aus Schwäche: Menschen möchten größer sein, als sie sich innerlich fühlen, sie müssen sich über andere erheben. Sie »dupfen« die anderen, also machen sie klein. Weil sie sich als schwach empfinden, müssen sie andere schwächen, sind Meister der Intrige und des Mobbings. Sie schwächen sich aber auch selbst, denn übermäßige Eitelkeit ist der größte Feind des Erfolgs.

Mag ein bisschen Eitelkeit noch anregend und motivierend wirken (auf einer Bühne vor fünftausend Leuten zu stehen ist wirklich irre, das kann ich Ihnen versichern), zerstört große Eitelkeit den Blick auf die Realität, macht blind für Mahner und bereit, auf Lobhudler zu hören. Eitelkeit macht überheblich, schafft Distanz zu den Menschen um uns herum und zerstört Sympathie. Durch Eitelkeit deutscher Manager gehen Unternehmen jedes Jahr Milliarden verloren – das haben vor einiger Zeit zwei Wissenschaftler festgestellt. Weil Projekte aus Eitelkeit gestartet und bei Fehlschlag aus Eitelkeit nicht rechtzeitig gestoppt werden. Weil sich Manager aus Eitelkeit »Denkmäler« setzen und »tote Pferde« weitergeritten werden. Stolze Menschen haben das nicht nötig. »Nur wer auf seinen eigenen Wert stolz ist, kann den Wert anderer erkennen«, schrieb der Romancier Henri Monnier vor langer Zeit. Ich wünschte mir mehr stolze, heißt selbstbewusste Menschen in der Welt (nicht arrogante!). Ich glaube, dann würde es unserer Welt besser gehen, Unternehmen sowieso. Denn wer kein Minderwertigkeitsgefühl kennt, kann andere in Frieden leben lassen. Wer nicht das Gefühl hat, ständig zu kurz zu kommen, muss anderen nichts wegnehmen.

»Sie sind einzigartig!« Welches Gefühl löst dieser Satz in Ihnen aus? Stolz? Freude? Bestätigung? Verwunderung? Zweifel? Vielleicht von allem ein bisschen. Sich selbst als »großartig« zu erleben grenzt für viele an Hochmut: »Wer bin ich schon?« Dieses Buch soll Ihnen Mut machen, Ihre Großartigkeit zu erkennen und – erhobenen Hauptes – nach außen zu vertreten. Oder, wie es der einzigartige, wunderbare südafrikanische Staatmann Nelson Mandela einmal in dem Gedicht »Unsere größte Angst« formulierte: »... Dein Kleinmachen dient nicht der Welt. Es zeugt nicht von Erleuchtung, sich zurückzunehmen, nur damit sich andere um dich herum nicht verunsichert fühlen ...«

Es stimmt, falsche Bescheidenheit ist der Karrierekiller Nummer eins! Ich weiß, dass viele Menschen Skrupel haben, von sich zu sagen, »Ich bin gut«. Aber ich weiß inzwischen, nach Hunderten von Seminaren und Einzelcoachings, auch, woran das liegt. Und ich möchte Ihnen helfen, einen selbstbewussten Weg zur eigenen Stärke zu entwickeln. Keine Angst, ich werde Sie nicht dazu anstiften, eine arrogante Zicke oder ein dummer Angeber zu werden. Das haben Sie gar nicht nötig. Ich werde nicht versuchen, Sie zu »klonen«, also Sie in eine Schablone zu pressen, wie »man sein muss«. Natürlich sollen Sie lernen, sich von Ihrer Schokoladenseite zu zeigen, aber welche Geschmacksrichtung die hat, welche Größe, welche Form, ob mit Keks oder ohne, bestimmen ganz allein Sie selbst. »Be you!« ist das Motto!

Neulich saß ich im ICE und gab per Handy einer Zeitschrift ein Interview zum Thema Selbst-PR. Als ich fertig war, drehte sich der vor mir sitzende Reisende zu mir um und ich erwartete schon, dass er sich beschweren würde, weil ich so lange und laut telefoniert hätte (Sie kennen vielleicht die anklagend-strafenden Blicke deutscher Mitreisender). Aber im Gegenteil, der bedankte sich für die guten Tipps, die er mitgehört hatte, die könne er als junger Partner in einer Rechtsanwaltskanzlei gut gebrauchen. Und überhaupt hätte ich Recht; in seinem Land, er sei gebürtiger Perser, gäbe es ein Sprichwort: »Auch der liebe Gott muss Werbung für sich machen, deshalb lässt er sonntags die Glocken läuten.«

Wenn Sie tüchtig läuten, fröhlich an den Seilen ziehen, zielgerichtet an Ihrer Selbst-Strategie arbeiten, haben übrigens auch andere etwas davon. Wir brauchen nicht mehr verbittert auf andere schielen, die unbeschwert an ihrer Profilierung arbeiten. Wir brauchen nicht mehr in Neid versinken, wenn andere das bekommen, was wir uns gewünscht haben. Wir brauchen anderer Menschen Leistung nicht mehr zu schmälern, weil wir Angst haben, nicht genug vom Kuchen abzubekommen, Kurz: Wir werden verträglichere Zeitgenossen, erreichen ein höheres Maß an Gelassenheit, an Friedfertigkeit.

Aber mehr als das: Auch die Arbeit, die wir machen, profitiert vom neuen Selbstbewusstsein. Und: Unsere Arbeit- oder Auftraggeber profitieren von unserer neuen Stärke. Denn wir haben einen viel stärkeren Auftritt Kunden oder Lieferanten gegenüber, können unsere Sache besser vertreten, gewinnen Vertrauen. Starke Mitarbeiter/innen sind gute Mitarbeiter/innen. (Chefs und Chefinnen, die das nicht aushalten können, schaden ihrem Unternehmen!)

Eine verbesserte Kundenorientierung ist eines der Hauptziele zukunftsorientierter Unternehmen. Und dazu gehört neben einem guten Produkt, der fachlichen Kompetenz und einem überzeugenden Firmenauftritt vor allem die Persönlichkeit der Mitarbeiter/innen. Produkte werden immer ähnlicher, deshalb kommt es immer stärker auf den Vertrauensbonus zu den Verkäufern an. Menschen verkaufen Marken!

Deshalb schicken kluge Unternehmen Mitarbeiter/innen in Selbst-PR-Seminare. Sie wissen: Je überzeugender meine Leute auftreten, umso besser geht es mir. Je besser sie mit Geschäftspartnern verhandeln können, umso bessere Konditionen handeln sie für mich aus. Je selbstbewusster sie in Konferenzen auftreten, umso mehr Ideen liefern sie mir. Je mutiger sie Kritik äußern, umso mehr Fehler vermeiden wir. Je souveräner sie mit Kunden reden, umso mehr verkaufen wir.

Dass dieser starke Auftritt dann auch in Gehaltsverhandlungen zum Zug kommt, nehmen sie in Kauf. Dazu später mehr. Freuen Sie sich erst einmal auf die magische Sieben der Selbstdarstellung – die Grundlagen Ihrer persönlichen Selbst-PR.

Die magische Sieben der Selbstdarstellung

Lassen Sie mich zu Beginn ein Märchen erzählen: Es war einmal eine junge Journalistin, die hatte ein Jahr lang kommissarisch als Rathausreporterin für eine Tageszeitung gearbeitet. Nach dieser Zeit wurde sie von ihrem Chefredakteur gefragt: »Fräulein Kynast, möchten Sie unser Rathausreporter werden?« Und sie antwortete mit Kleinmädchen-Stimmchen: »Ich glaube, das kann ich nicht.« Insgeheim erwartete sie, dass ihr Chefredakteur sagen würde: »Doch, doch, das können Sie, ich glaube an Sie!«

Doch der Chefredakteur sagte nur »Schade!« und stellte einen Mann als Rathausreporter ein. Die junge Frau wurde daraufhin stellvertretende Rathausreporterin. Mit dem Ergebnis: Der Kollege bekam den Titel, das Geld, die Ehre, und sie – die Arbeit. Blöd gelaufen.

Jahrelang dachte die Frau voller Groll an diese verpatzte Chance und gab ihrem Chefredakteur die Schuld. Bis sie alt genug war zu erkennen, dass allein sie die Blöde in diesem Spiel gewesen war. Sie hatte sich die Chance versaut, niemand sonst.

Leider ist das kein Märchen. Die Blöde war ich. Diese Situation hat sich ganz genau so abgespielt. Ich war fünfundzwanzig Jahre alt und hatte drei Jahre Berufserfahrung hinter mir. Ich brauchte wirklich ewig lang, um einzusehen, dass ich selbst die Sache verpatzt hatte, dass dies vor allem an meiner Unfähigkeit lag, stolz auf mich selbst zu sein. Und: Ich wusste damals einfach nicht, wie man sich gut »verkauft«. Im Gegenteil, »sich zu verkaufen« fand ich eher bähbäh! Das tat man nicht. Wie widerlich. Eigenlob stinkt, das wusste man doch.

Inzwischen habe ich die magische Sieben der Selbstdarstellung entdeckt. Und es ist überhaupt nichts Negatives daran, nichts, wofür man sich schämen müsste. Es geht nicht darum, sich zu verbiegen oder seine Seele zu verkaufen. Nein, es geht um Professionalität, um das Wissen von Ursache und Wirkung. Um die Verantwortung, die ich für meinen Erfolg übernehme. Um eine geniale Strategie, meine Ziele zu erreichen. Magisch nenne ich sie deshalb, weil auf wunderbare Weise sich tatsächlich bei der Umsetzung mein Auftritt verändert, Dinge eintreten, die ich mir wünsche. Weil sie wirklich funktioniert.

Ich habe festgestellt, dass folgende sieben Eckpunkte gleichermaßen zum Gelingen beitragen:

- Das Erkennen meiner Bremser und Antreiber
- Das Wissen um meine Stärken
- Das Benennen meines beruflichen Ziels
- Die Definition meiner Zielgruppe
- Das Entwickeln meiner Kompetenzthemen
- Das Verfeinern meiner Ausstrahlung
- Das Nutzen von Bühnen

In den nächsten Kapiteln werden Sie sich Schritt für Schritt alle sieben Grundlagen erarbeiten können. An manchen Stellen werden Sie vielleicht einen Haken machen, feststellen, Sie sind genau auf diesem Weg. An anderen Stellen werden Sie vielleicht kämpfen, Sie kommen an Grenzen, die es zu überwinden gilt. Und woanders geht es wiederum darum, alte Erkenntnisse in neue Strategien umzuwandeln.

Was Sie bald erkennen werden: Es ist kein Zufall, ob ich »entdeckt« werde, ob ich gefragt werde, wenn interessante Projekte vergeben werden. Ob ich unter hundert Kandidat/innen den Job bekomme. Das wissen viele Menschen nicht. Oder sie ahnen höchstens, dass es Zusammenhänge gibt. Sogar Menschen, die sehr erfolgreich sind, führen das sehr häufig auf »Zufall« zurück oder noch schöner: auf »Glück«. Ich werde völlig narrisch, wenn ich das höre. Da hat jemand jahrelang geschuftet und sich bewiesen, außergewöhnliche Leistungen gebracht, und sagt dann, auf die Frage, wie er an den jetzigen Job gekommen sei: »Glück gehabt.«

Nur wenn wir den eigenen Anteil an unseren Erfolgen erkennen, können wir auch Schlussfolgerungen für künftige Ziele ziehen. Nur wenn wir wissen, warum wir wirklich für ein Unternehmen oder einen Kunden arbeiten dürfen, erlernen wir den aufrechten Gang. Doch diese nüchternen Zusammenhänge können viele Menschen gar nicht benennen. Sie empfinden es oft als Gnade, ihren Job noch zu haben. Und haben dementsprechend große Ängste, dass diese glückliche Fügung irgendwann vorbei sein könnte.

Überhaupt stelle ich bei vielen Menschen, mit denen ich arbeite, eine erstaunliche Zurückhaltung im strategischen Denken und Handeln fest. Sie starren wie das Kaninchen auf die Schlange, fühlen sich der Willkür ihres Chefs und des Unternehmens ausgesetzt, hoffen, dass sie von der nächsten Kündigungswelle verschont bleiben, oder arbeiten ohne Aufforderung noch mal hundertfünfzig Prozent mehr, damit sie sich unersetzlich machen. Man kann sich vorstellen, wie negativ sich das auf die Energiebilanz und die Lebensfreude der Menschen auswirkt. Oft schimpfen sie dann über das Unternehmen, das von ihnen verlangt, bis zum Umfallen zu schuften. Doch im Gespräch kommt man schnell dahinter, dass sie es vor allem selbst sind, die sich einen unmenschlichen Druck machen.

Ich habe als Journalistin das Scheitern vieler hochrangiger Manager und Managerinnen miterlebt, ich habe als Coach viele Klienten nach ihrem Rausschmiss kennen gelernt. Und mir ist aufgefallen, dass sie mindestens eines gemein haben: Vor lauter arbeiten und Erwartungen übererfüllen hatten sie meist vergessen, sich gute Netzwerke im Unternehmen zu schaffen. Sie haben nicht berücksichtigt, was mir immer klarer wird: Leben ist nicht Kampf, wie es viele von uns noch gelernt haben – sondern Leben ist Kommunikation.

Die gescheiterten Manager/innen haben gegen diesen Grundsatz verstoßen: Sie waren so gefesselt von dem ungeheuren Anspruch, so angespannt von dem ungeheuerlichen Druck, dass sie vergessen haben, nach links und rechts zu schauen, mit Kollegen zu reden (nach oben und unten übrigens), zu erspüren, was im Unternehmen lief, Anzeichen der Krise zu erkennen, Freundschaften zu schließen, sich Verbündete zu suchen. Oft ist der Grund des Scheiterns also nicht fachliches Unvermögen, sondern die Missachtung der Rolle der Kommunikation. Und das hat ganz ursächlich mit Selbstdarstellung zu tun. Sie erinnern sich: Kontakte und Beziehungen machen sechzig Prozent des Erfolgs aus!

Ich habe mich auch oft gewundert, dass Vorgesetzte sich ihre Teams nicht zu Verbündeten machen. Wenn beispielsweise eine neue Chefredakteurin in unserer Redaktion anfing, hätte ich erwartet, dass sie uns zusammenruft und einschwört: »Wir stehen vor einer großen Aufgabe ... Es wird von uns erwartet ... Ich brauche Ihre volle Unterstützung ... Gemeinsam können wir es schaffen ...« Nein, meistens bekamen wir den Eindruck vermittelt, dass wir ein Klotz am Bein der Neuen seien und sie uns am liebsten alle gegen ein neues Team austauschen würde. War es da ein Wunder, wenn wir nur mit gebremstem Schaum wieder an die Arbeit gingen? Unsere Erfahrungen und Ideen der Neuen nicht aufdrängten?

Das ist mir im Lauf der Zeit klar geworden: Gute Selbst-PR gehört heute zu den Führungsqualitäten. Vielleicht haben Sie auch schon mal diesen Spruch gehört: Starke Chefs holen sich starke Mitarbeiter, schwache Chefs schwache. Wenn ich an meinen Fähigkeiten zweifle, werde ich mir doch keine Konkurrenz ins Haus holen!

In vielen Teamcoachings habe ich beobachtet: Wenn es im Team krachte, hatte es meist auch mit einer schlechten Selbst-PR der Vorgesetzten zu tun: kein klares Profil, keine klaren Ziele, Empfindlichkeiten, unklare Botschaften, Probleme mit Kompetenz, Scheu vor Begegnungen und Aussprachen, Politik der geschlossenen Tür.

Begegnete ich dagegen starken, erfolgreichen Teams, entdeckte ich an den Führungskräften: gutes Selbstwertgefühl, klare Zielvorgaben, hohe Kommunikationsqualität, klare Kompetenzverteilung, Politik der offenen Tür.

»It's magic!« möchten manche denken, die erfolgreichen Führungskräften zuschauen, »Die kann's einfach!« Dabei wirkt auch hier nur die magische Sieben, fußend auf Selbstwahrnehmung und Emotionaler Intelligenz, Strategien und Methoden, Mut zur Führung und Vertrauen in die anderen. Erfolgreich andere führen kann ich nur, wenn ich selbst an meine Stärken glaube (und meine Grenzen sehe). Wenn ich mir die Besten ins Team hole und das Beste in allen erwecke. Wenn ich meine Ziele kommuniziere, Diskussionen erlaube und mich ihnen stelle, Mut zur Verantwortung habe und die Ergebnisse der gemeinsamen Arbeit kommunizieren kann. Pure Selbst-PR also.

Bevor ich Ihnen die sieben Grundlagen der Selbstdarstellung im Einzelnen vorstelle, hier kurz zusammengefasst die häufigsten Fehler beim Selbstmarketing, wie ich sie immer wieder in Unternehmen, in Seminaren oder in Einzelcoachings beobachte:

1. Den Mund halten

Schadet in Konferenzen: Ein Problem wird angesprochen, wir haben die Lösung im Kopf. Aber bis wir überlegt haben, wie wir das am besten formulieren könnten, was wir zur Diskussion beitragen wollen – sagt es jemand anderes. Der andere bekommt das Lob, das Projekt, die Chance, und wir beißen uns in den Hintern. Vor allem Menschen mit Perfektionsanspruch stellen sich oft dieses Bein. Es ist noch nicht gut genug, ich muss noch daran feilen – und die Chance ist perdu.

Die Übermacht der inneren Kritiker schadet aber auch ganz allgemein im Zusammentreffen mit interessanten Leuten. Wenn wir »das Maul nicht aufkriegen«, also nicht zeigen, was wir auf dem Kasten haben, kann uns auch keiner etwas zutrauen, geschweige denn anbieten. Viele glauben, auch im Smalltalk, höchst geistreich über Schopenhauer parlieren zu müssen, und halten sich dann doch lieber stumm an ihrem Wasserglas fest. Sie gehen danach frustriert nach Hause und denken: »Blöde Veranstaltung, lauter uninteressante Menschen. Vertane Zeit.« In der Tat.

2. Zu dick auftragen

Passiert meist aus Angst: Formulierungen wie »Sie werden nicht umhin können, mir den Auftrag zu geben …!« oder »Sie werden keine Bessere als mich finden!« wecken Widerstand. Und wie umhin der andere kann! Menschen mögen selbst werten und entscheiden. Dieses »pushy« sein, wie es im Englischen heißt, schafft keine Sympathien. Wer zu viel Druck macht, treibt andere zur Flucht.

Also Vorsicht mit zu vollmundigen Versprechungen. Vorsicht mit öffentlicher Selbstüberschätzung. Bluffer haben vielleicht kurzfristig Erfolg (Kennen Sie nicht auch jemanden, von dem Sie immer schon gedacht haben »Wie hat der das geschafft?«), doch der Knüppel der Realität trifft sie irgendwann. Dann die Schuld auf die doofen anderen schieben, hilft auch nichts mehr.

3. Chancen nicht nutzen

Oft werden Gelegenheiten nicht genutzt, weil nicht strategisch gedacht wird: Der Chef lädt zu einer Golfpartie? Der/die Gefragte winkt ab: »Nee, ich spiele nicht Golf« oder »Nee, samstags habe ich zu Hause immer so viel zu tun.« Autsch. Chance verpasst, vier Stunden lang dem Chef von den Ideen und Konzepten zu erzählen, die wir im Kopf haben.

Bei der Weihnachtsfeier am Vorstandstisch sitzen? Oder beim Bereichsleiter-Ausflug mitgehen? »Ach, nein, ich bleibe lieber bei den Kollegen.« Autsch. Chance verpasst, das Beziehungsnetz zu den Top-Entscheidern im Unternehmen zu knüpfen – wer weiß, wofür es gut gewesen wäre?

Einladung erhalten, ein Referat über Ihr Kompetenzthema zu halten? »Nein, danke, ich stehe nicht so gern vor einer Gruppe. Fragen Sie doch lieber den X.« Autsch, Chance verpasst. Der X steht im Rampenlicht, wir schmollen – »So hätte ich das auch gekonnt!« Aber nicht gemacht, bätsch.

4. Lob abwehren

Viele können mit ausgesprochener Anerkennung nur schlecht umgehen. »Toll, wie Sie das gemacht haben!« hören sie und antworten: »Ach, das war doch nichts Besonderes.« Oder: »Klasse, die Präsentation.« Die Antwort: »Eigentlich hätte ich ja noch viel mehr ...« Loben Sie einen Menschen und Sie werden erfahren, wie er sich selbst achtet.

Wer Lob abwehrt, macht sich entweder klein – oder wirkt arrogant, was fast noch schlimmer ist. Wer Lob abwehrt, stellt die Wahrnehmung des anderen infrage, vermittelt vielleicht sogar den Eindruck: »Du kannst das doch gar nicht bewerten.« Und das Lob knallt dem anderen wie ein Bumerang an den Kopf. Na danke. Der wird sich überlegen, ob er Sie noch mal lobt.

5. Sich klein machen

»Na ja, ich spreche ein bisschen Spanisch ...«, »Mit Computern kenne ich mich eigentlich ganz gut aus ...« Menschen mit schlechter Selbstdarstellung reduzieren sprachlich ihre tatsächlichen Fähigkeiten. Sie machen sich klein. Die häufigsten sprachlichen »Weichmacher« sind neben »eigentlich« und »ein bisschen«: ziemlich, relativ, nur, natürlich, ich denke, ich glaube ...

Sie haben Angst, als Angeber zu gelten, und verbauen sich im Gegenzug den Respekt der anderen. Denn das Kleinmachen zeigt Wirkung. Wenn wir uns selbst nicht als etwas Besonderes sehen, warum sollte es jemand anderer tun? Diese falsche Bescheidenheit killt Karrieren!

6. Nehmen, was kommt

Wer für sich keine hohen Ansprüche ans Leben stellt, bekommt, was die anderen übrig lassen. Viele Menschen denken nie über ihre beruflichen Perspektiven nach, entwickeln zu wenig Fantasie in Alternativen. Was könnte ich sonst machen, welche Wege stehen mir offen? Sie geben sich mit dem Bekannten zufrieden – oder verharren in ihrer Unzufriedenheit.

Mangelndes strategisches Denken engt den Blick ein. Sie verharren im »Eigentlich-Land« (das ich in meinem Buch »Leben macht die Arbeit süß« ausführlich beschrieben habe), kennen tausend Aber, warum es keine Veränderungen geben kann. Sie scheuen die Reise in die Stadt »Tun«, kriegen ihren

Hintern nicht hoch und schieben die Schuld lieber auf andere: »Mein Gatte wünscht das nicht ...«, »Mein Chef lässt mich ja nicht ...«, »Der Staat ist schuld ...«

7. Keine Netzwerke haben

Die Zeit der Einzelkämpfer ist vorbei. Der »Teamplayer« ist angesagt. Ohne die Unterstützung anderer sind wir in den komplizierten Ränkespielen, die im Business gespielt werden, verloren. Wer sollte uns sonst auf Fallen aufmerksam machen? Wer auf Chancen? Wen könnten wir fragen, wenn wir eine neue Herausforderung suchen, einen Tipp für ...? Der Einzelne kann gar nicht allein all die Informationen speichern, die heute zum erfolgreichen Wirken nötig sind.

Nicht umsonst sprechen Experten der sozialen Kompetenz einen viel höheren Erfolgsfaktor zu als der Fachkompetenz, nämlich vier zu eins. Was man früher Männerbünde oder Seilschaften nannte, ist die Grundlage des modernen Beziehungsmanagements. Wer das nicht beherrscht, beraubt sich eines Erfolgsbeschleunigers, der ungeheure Kräfte entwickelt. Es ist toll, empfohlen zu werden. Es ist sehr hilfreich, wenn jemand uns Türen öffnet. Keine Angst vor Protektion: Durch die Tür gehen (also uns beweisen) müssen wir immer noch selbst.

In den nächsten Kapiteln bekommen Sie das Handwerkszeug geliefert, um die angesprochenen Fallen zu umgehen. Sie finden die verschiedenen bunten Puzzleteilchen, die Ihre Selbst-PR-Strategie komplett machen. Viel Spaß dabei, und denken Sie daran: »It's magic!«

Entlarven Sie Bremser und Antreiber

Erfolgreich, ja berühmt werden wollen ist toll. Zu wissen, wie das geht, ist prima. Doch manchmal hindern uns alte Muster, uns wirklich in unserer Einzigartigkeit zu zeigen. Zum Beispiel das folgende: »Du bist nicht okay. Wenn du anders wärst, ja dann ...«

Mit Grausen erinnere ich mich an meine erste Fernseh-Talkshow, in der ich 1991 mein Buch »Balancing« vorstellen sollte. Es war die NDR-Talkshow. Als ich die Einladung bekam, war ich völlig euphorisch: Ich im Fernsehen! Ich sah mich schon das Buch in die Kamera halten, träumte von einer Million Auflage, davon, reich, berühmt und glücklich zu werden. Was tat ich als Erstes: Ich investierte in den kommenden Erfolg und kaufte mir ein neues Kleid, ein Fernseh-Auftritt-Kleid. Es war ein Traum: aus schilfgrüner Seide, mit einem rasanten Zickzack-Ausschnitt und gewaltigen Schulterpolstern (das trug man Anfang der neunziger Jahre gern, so als Joan-Collins-Verschnitt). Aber das Schönste daran: Es hatte eine Längspasse, und alle Damen wissen: Längs streckt. Also, ich fühlte mich elfenschlank in diesem Kleid.

Ich zog es an und flog nach Hamburg. Was ich nicht bedacht hatte, war, dass Seide ein empfindlicher Stoff ist. Und als ich in Hamburg aus dem Flieger stieg, hatte ich schon so ein Bauchplissee – quer. Können Sie sich das vorstellen: So tief eingebrannte Falten quer übers Vorderteil. Also, der Längseffekt war aufgehoben und mein strahlendes Selbstbewusstsein auf die Hälfte geschrumpft. Vielleicht können Sie sich vorstellen, dass jemand, den man wohlwollend als »rubenesk« bezeichnen könnte, es nicht so gern hat, wenn alle Aufmerksamkeit auf den Bauch gerichtet ist.

Ich zog am Stoff, um die Falten zu glätten. Aber Seide gibt freiwillig keine Falte mehr her. Dann kam ich ins Studio. Und was ich auch nicht bedacht hatte, war, dass es in einem Studio affenheiß ist. Ich schwitzte wie ein Tier, mir lief das Wasser nur so am Hals herunter, dicke Tropen lösten sich hinten aus den Haaren (vielleicht kennen Sie das?) und perlten den Rücken hinunter. Und wissen Sie, was schilfgrüne Seide macht, wenn sie nass wird? Richtig! Sie wird schwarz.

Also, ich hatte das Gefühl, ich habe breite schwarze Ränder unter den Armen, schwarze Bahnen den Rücken hinunter – und mein Selbstbewusstsein war implodiert. Nur noch ein schwarzes Loch. Gegenmaterie. Das grausame Nichts.

Ich kam als Erste dran. Zu Beginn wurde jeder Gast einzeln vorgestellt, dann durfte man sich setzen. Ich stand an einem weißen Stehtisch. Der Moderator, ich werde ihn nie vergessen, Christian Berg, stellte mir Fragen. In meiner Erinnerung lief der Dialog ungefähr so ab:

Berg: »Frau Asgodom, Sie haben ein Buch geschrieben?«

Ich krächzte nickend: »Mhm.«

Berg: »Da geht's ja um Familie und Beruf?«

Wieder krächzend: »Mhm.«

Mehr kam nicht. Sie wissen das bestimmt: Wenn man nicht atmet, hat man auch keine Stimme.

Berg (leicht verzweifelt): »Sie selbst haben ja auch Kinder?«

Ich (mit letzter Kraft): »Mhm, zwei.«

Und dann war das Star-Interview vorbei. Ich durfte mich setzen. In meinem Hirn tobte eine Stimme: »Bist du wahnsinnig? Warum machst du nicht das Maul auf? Warum sagst du nichts?« Man nennt diese Stimme auch »den inneren Kritiker«, der »innere Berserker« wäre zutreffender. Das Dumme an dieser Stimme ist: Je lauter sie wird, umso leerer wird das Hirn. Ich wusste nicht mehr, wer ich bin, wie ich heiße, was ich hier in dieser Sendung zu suchen hatte ...

Ich ging also halb betäubt auf die Sitzgruppe zu und merkte plötzlich, es waren Clubsessel. Kennen Sie Clubsessel? Rund, tief, gepolstert, eng ... Und es waren keine richtigen Clubsessel, es waren eher Clubsesselchen. Und während ich auf meinen Platz zuging, dachte ich: »Verdammt, aus dem komme ich nie wieder raus!« Aber es half ja nichts, Sie können ja nicht während einer Life-Sendung sagen: »Ach, ich bleibe lieber stehen!« Ich musste in diesen verdammten Sessel.

Todesmutig ließ ich mich hineinplumpsen, und mein schilfgrünes Seidenkleid machte – ratsch. Da wusste ich, ich komme nicht wieder raus, ich will es aber auch nicht. Und jetzt kam meine innere Stimme in Fahrt: »Siehste, du fette Kuh, das hast du jetzt davon. Madame will ja berühmt werden. Ganz groß rauskommen. XXL. Ha!« Ich war fertig mit der Welt. Ich saß da wie Klops in Clubsessel. Wäre am liebsten tot gewesen. Bittere Scham brannte den letzten Rest Selbstwertgefühl weg. Nach und nach gesellten sich die anderen Talk-Gäste dazu. Eine lebhafte Diskussion entspann sich und brandete – an mir vorbei. Die anderen Gäste konnten sich supergut präsentieren, ihren Film, ihr Buch, sich selbst klasse verkaufen. Und ganz bescheiden dazwischen saß Frau Asgodom. Ich wurde noch zwei Mal etwas gefragt, antwortete in kryptischen, unvollendeten Sätzen. Dann gab man das Bemühen um mich auf.

Als die Sendung vorbei war, wuchtete ich mich aus dem Sessel, ich kam also wieder raus; bemerkte, dass nur die Innennaht des Kleides gerissen war; merkte, dass ich noch lebte. Also, es war alles gar nicht so schlimm gewesen. In meinem Kopf hatte sich die wahre Katastrophe abgespielt! Wenn wir nicht bei uns sind, also wenn wir »außer uns sind«, dann können wir nicht bei der Sache sein. Wenn uns Scham und Ängste quälen, können wir nicht strahlen.

In Hunderten von Seminaren sind mir die gleichen Symptome bei anderen aufgefallen: Angst, sich zu verhaspeln, Angst, den Faden zu verlieren, das Gefühl von »Wer bin ich schon!« oder »Das tut man nicht«. Die Grundlagen für Selbstwertgefühl und Selbstvertrauen werden in der Kindheit gelegt – oder nicht. Jeder von uns hat, neben vielen guten Anlagen, Bremser und/oder Antreiber ins Leben mitbekommen. Nicht weil unsere Eltern oder Lehrer uns schaden wollten (von Ausnahmen abgesehen), sondern weil sie es nicht anders gewusst haben. »Sei so, wie wir dich haben wollen, dann haben wir dich lieb!«, lautete ihre Botschaft. Vielleicht waren sie überzeugt, dass man ein Kind »formen« muss, um es zu einem anständigen Bürger zu machen. Manche waren vielleicht auch erschreckt von der Vitalität und der schieren Lebensfreude ihrer Kinder und pfiffen sie eiligst zurück.

Erst seit ich mich intensiv mit diesen Botschaften aus der Kindheit beschäftige und sie bei Tausenden von Menschen abgefragt habe, ist mir klar geworden, dass wir es nicht mit einem persönlichen Versagen der Eltern zu tun haben, sondern mit einer starren Erziehungsstruktur. Heute weiß ich: Hätten meine Eltern es anders machen können, hätten sie es anders gemacht. Dies gilt natürlich besonders für die Erziehung meiner Generation, also die heute Vierzig- bis Fünfzigjährigen, aber leider höre ich die gleichen Sprüche auch bei Fünfundzwanzig- oder Fünfunddreißigjährigen.

Das heißt aber nicht, dass ich mich den Erwartungen mein Leben lang anpassen muss. Erwachsen werden heißt, seine eigenen Maßstäbe zu setzen, sich ein eigenes Motto zu kreieren, unabhängig von den Erwartungen anderer zu werden. Das ist nicht immer ganz leicht, es ist ein Prozess, doch der führt zur Freiheit.

Es gibt drei verschiedene Möglichkeiten, wie wir auf Bremser und Antreiber reagieren können: 1. brav und angepasst, 2. trotzig und rebellisch, 3. erwachsen und souverän. Die erste Grundlage guter Selbst-PR ist es, in die Erwachsenen-Stufe zu kommen. Sich von hinderlicher »Mitgift« zu trennen und ein »Gegengift« zu entwickeln. Ohne ein gesundes Selbstwertgefühl ist es schwer, Größe auszustrahlen.

Wir können bei den Botschaften zwei Zielrichtungen unterscheiden: Die Antreiber »Tu dies, tu das« und die Handbremsen »Tu dies nicht und tu das nicht«. Manche sind ängstigend, manche sind herausfordernd, manche kränkend und manche erst auf den zweiten Blick gefährlich.

Dies sind typische Sprüche, von denen meine Seminarteilnehmer/innen berichten:

- Sei brav!
- Eigenlob stinkt!
- Das tut man nicht!
- Was sollen denn die Nachbarn sagen!?
- Sei still!
- Spinn nicht so rum!
- Ein Indianer kennt keinen Schmerz!
- Das schaffst du schon.
- Sei nicht so vorlaut!
- Iss deinen Teller leer!
- Sei bescheiden.
- Wehr dich!
- Ein Junge weint nicht!
- Ein Mädchen kann das nicht.

- Nimm dir ein Beispiel an deinem Bruder/deiner Schwester/deinem Cousin ...
- Ein Mädchen braucht das nicht.
- Was soll aus dir noch werden, nichts bist du schon.
- Du bist faul.
- Kinder, die was wollen, kriegen was auf die Bollen.
- Solange du deine Füße unter meinem Tisch hast ...
- Mädchen, die pfeifen, und Hühnern, die krähen, muss man beizeiten die Hälse umdrehen.
- Du Nichtsnutz!
- Was die anderen dürfen, spielt keine Rolle.
- Du bist zu dumm zum ...
- Sei bescheiden!
- Du endest noch als Steineklopfer/als Putzfrau/in der Gosse.
- Bist du so blöd oder tust du nur so?
- Streng dich an!
- Kinder bei Tisch sind still wie der Fisch.
- Das tut man nicht!
- Sei vorsichtig!

Diese Liste ließe sich beliebig verlängern. Was mir aufgefallen ist: Kleine Jungs bekommen öfter Sprüche mit aktiver Stoßrichtung mit, die besagen: Setz dich durch in dieser Welt, Leben ist Kampf, unterdrücke deine Gefühle. Kleine Mädchen eher Sprüche mit Bremscharakter: Lass das, tu das nicht, das gehört sich nicht.

Wie machen sich denn diese uralten Kamellen, die wir ja oft ganz vergessen haben, in unserem Leben bemerkbar? Hier ein paar Beispiele:

Von der Kränkung zum Versagen

Elke K., neunundzwanzig, leitet seit einem halben Jahr die Buchhaltung eines mittelständischen Unternehmens. Ihr Chef schickt sie zu mir ins Coaching, da er die in sie gesetzten Hoffnungen enttäuscht sieht. Sie führt die Abteilung nicht gut, es kommen keine neuen Impulse von ihr, keine Verbesserungen. Und er hatte doch so an sie geglaubt.

Es stellt sich sehr schnell heraus, wie unwohl sich Elke K. in ihrer Führungsrolle fühlt, vor allem den früheren Kolleginnen gegenüber. »Ich kann denen doch nicht sagen, tu dies, tu das!« Deshalb bucht sie ganz viel noch selbst, delegiert nicht genügend. Die Folge: Sie hat gar keine Zeit, über Neuerungen nachzudenken, Ideen für ihr Team zu entwickeln.

Wir machten uns auf die Suche nach ihren Botschaften aus der Kindheit und wurden schnell fündig: »Du glaubst wohl, du bist was Besseres?«, hatte sie sehr oft von ihrer Mutter gehört. Meistens ging es darum, dass sie im Haushalt helfen sollte, wenn sie gerade Hausaufgaben machte oder ein Buch las. »Deine Schwester hat auch nicht solche Zicken im Kopf«, hörte die Gymnasiastin. Dieses anders sein, das hatte sie gelernt, war nicht okay. Sie muss lachen, als ich einen Poesiealbum-Spruch zitiere: »Sei wie das Veilchen im Moose, sittsam, bescheiden und rein. Nicht wie die stolze Rose, die stets bewundert will sein!« Genau, den kennt sie auch.

Wir versuchten, ihre Kindheitserfahrungen zu übersetzen: Sie war zwar aufgestiegen aus dem Kreis ihrer Kolleginnen, wollte aber so gern genau wie früher sein. Sie wollte nicht, dass die anderen denken: »Die glaubt wohl, sie ist was Besseres.« Deshalb hielt sie sich mit Arbeitsaufträgen zurück, aber auch mit Kritik. Das Team hatte plötzlich keine Führung mehr, und es kam zu Schwierigkeiten. Der Chef war enttäuscht.

Wir arbeiteten zwei Tage lang zusammen. Wir schrieben das »Gegengift« für ihre »Mitgift« auf: »Ich bin etwas ganz Besonderes!« Es fiel ihr anfangs mordsmäßig schwer, diesen Satz zu sagen. Wir sammelten fast zwanzig Gründe, warum sie richtig gut ist. Bis Elke K. verinnerlicht hatte: »Mein Chef hält große Stücke auf mich. Er traut mir zu, die Leitung zu übernehmen. Er erwartet von mir, dass ich etwas Besonderes bin. Ich werde es ihm beweisen.«

Wir erstellten eine Liste, was sich in der Abteilung als Erstes ändern müsste. Wir schrieben auf, was sie delegieren könnte, um Zeit für das Entwickeln neuer Konzepte zu bekommen. Wir setzten Argumente auf, mit denen sie ihre Kolleginnen auf den neuen Weg einschwören könnte. Und wir überlegten, wie sie auch äußerlich zeigen könnte, dass sie jetzt eine Managerin ist. Wir verbannten die typische Rock-Bluse-Kombination, die sie immer trug, aus ihrer Business-Auswahl, und sie schaffte sich ein klassisches Kostüm und einen Hosenanzug an. Dazu ein paar schlichte Baumwollblusen. Sie ging zum Friseur und ließ sich ihr ausgebleichtes, lieblos frisiertes Haar aufpeppen.

Als sie das erste Mal in ihrem neuen Outfit bei mir erschien, hätte ich sie fast nicht wiedererkannt. Lachend erzählte sie: Ihr Chef auch nicht. Ich glaube nicht, dass äußerliche Veränderungen allein unsere Situation ändern. Aber wenn sie Zeichen einer inneren Erstarkung sind, zeigen sie durchaus Wirkung. Die Rose erblüht.

Vom Bravsein zum Perfektionswahn

Monika B., dreiunddreißig, arbeitet als Elektroingenieurin bei einem Autohersteller. Sie gilt bei ihrem Chef als äußerst fleißig. Mit den Kollegen hat sie nicht allzu viele Kontakte, sie gilt als eher streng. Sie kann sich in Arbeit so richtig »verbeißen«, hat aber das Gefühl, dass sie trotz ihrer Leistung nicht richtig anerkannt wird. Sind interessante Projekte zu vergeben, werden immer andere gefragt.

In Konferenzen ist sie eher still, »ich muss nicht immer etwas sagen, das erledigen schon die anderen«. Sie drängt sich auch nicht vor, wenn von der Abteilung ein Referat zu halten ist oder ein Fachartikel geschrieben werden soll. »Ich muss nicht immer in der ersten Reihe stehen«, sagt sie.

Aber glücklich ist sie trotzdem nicht, erzählt sie in der Seminarrunde. Von der IBM-Studie ist sie regelrecht schockiert. Leistung war bisher das Höchste für sie. Und sie war überzeugt davon, dass die anderen irgendwann schon sehen würden, wie klasse sie ist. Jetzt schüttelt sie nur noch den Kopf.

In der »Mitgift«-Übung fällt ihr sofort ein Satz aus ihrer Kindheit ein: »Das schaffst du schon!« Noch heute sage ihre Mutter das zu ihr, wenn sie nach einem Besuch bei den Eltern wieder nach Hause fahre. Sie fand diesen Spruch nun nicht besonders negativ. Wir fanden aber eine doppelte Botschaft darin verborgen: »Du musst es schaffen!« Und das bedeutete für sie als brave Tochter: fleißig sein, sich bemühen, nicht rasten, genügsam und fügsam sein.

Monika B. kann es fast selbst nicht glauben, was sie da zusammengeschrieben hat. Und das bei ihren besonderen Begabungen – sie spielt mehrere Instrumente –, ihren hervorragenden Schulnoten (Abiturschnitt 1,1) und hoher Intelligenz; sie hat ihr Studium mit Auszeichnung bestanden, schreibt gerade an ihrer Dissertation.

Wir überlegten, wie sie endlich mehr Anerkennung für ihren Erfolg bekommen könnte. Wie sie selbst vermeiden kann, dass ihr Perfektionswahn es unmöglich macht, stolz auf ihre Arbeit zu sein. Sie weiß ja als Einzige, dass es eigentlich noch besser hätte sein können.

Nie würde sie sich als »Expertin« für etwas bezeichnen, es gibt doch so viele, die noch viel besser sind als sie. Nie würde sie behaupten, sich gut auszukennen, sie kennt die Lücken, die sie vorher noch füllen müsste. Ihr Perfektionswahn bremst sie unaufhörlich, sich das Lob abzuholen, das sie verdient. Ganz nebenbei erzählt sie, dass zwei Patente, die sie angemeldet hat, gerade angenommen worden sind. Wir fassen es nicht! Sie tut so, als hätte das heute doch jeder. Das ist doch nichts Besonderes! Und nebenbei bekennt sie, dass es ihr unheimlich schwer fällt, sich helfen zu lassen. Auch hier stellen wir den Zusammenhang zum Kindheitssatz her.

Dann entwickeln wir das »Gegengift«: »Ich schaffe viel, aber ich darf auch um Hilfe bitten!« notiert sie. Man merkt es ihr an, dass sie den Spruch zwar aufgeschrieben hat, aber ihn noch lange nicht glaubt. Zu lange hat sie versucht, den Erwartungen anderer zu genügen. Ich empfehle ihr, einen Zettel mit dem Gegengift gut sichtbar irgendwo aufzuhängen, sodass sie ihn mindestens zwei Mal am Tag liest.

Der Kindheitsspruch hatte viele Jahre Zeit in uns zu wirken, so einfach lässt er sich nicht aus unserem Kopf verdrängen. Ich habe die Erfahrung gemacht, dass es oft über ein Jahr dauert, bis wir das neue, erwachsene Selbstverständnis verinnerlicht haben.

Wir diskutierten, dass sie mit dreiunddreißig alt genug sei, endlich erwachsen zu werden, ihr Lebensglück selbst in die Hand zu nehmen und es nicht von anderen abhängig zu machen. Das bedeutet nicht, dass wir uns von unseren Eltern lossagen, uns mit ihnen streiten, ihnen übel nehmen. Aber es bedeutet, die Verantwortung für unser Tun und Lassen zu übernehmen. Was las ich einmal: »Erwachsen werden bedeutet, dass die Risiken größer werden.« So ist es.

Bravsein ist vor allem im Berufsleben ein grässlicher Klotz am Bein. Es hindert uns daran, uns auszuprobieren, unsere

Talente zu leben und unsere eigenen Fehler zu machen. Wer brav ist, riskiert nichts, wer brav ist, scheut sich vor Entscheidungen. Wer brav ist, muss alles allein schaffen, darf nicht um Hilfe bitten. Alles Eigenschaften, die vor allem Frauen im Beruf unglaublich hemmen.

Von Deutschlands Dümmstem zum Workaholic

Hermann Z., achtunddreißig, ist Geschäftsführer eines Unternehmens. Nach außen unglaublich erfolgreich, mächtig. In einem Seminar geht es um die Botschaften aus der Kindheit. Und er schreibt auf: »Du bist Deutschlands Dümmster!« Die anderen Teilnehmer stöhnen auf. Was für ein Pfund! Das hat sein Vater immer zu ihm gesagt, verrät er uns. Nicht ohne hinzuzufügen: »Aber das hat mir nicht geschadet.«

Hermann Z. arbeitet wie ein Pferd (um seinem Vater das Gegenteil zu beweisen, vermute ich). Er erzählt uns von seiner Karriere. Was er auf sich genommen hat, was für ein Leben er jetzt führt. Ohne zu jammern, so, als wäre ein Sechzehn-Stunden-Tag das Selbstverständlichste von der Welt und ein freies Wochenende »eben einfach nicht drin«. Zwei Mal hatte er in letzter Zeit starke Kreislaufprobleme. Musste ein paar Wochen zu Hause bleiben. Das kennt er gar nicht von sich. Ist ihm auch total unangenehm.

Als er ins Reden kommt, erzählt er, wie ihm die Ansprüche seiner Familie – Frau und zwei pubertierende Kinder – zusetzen. Aber er tut das doch alles nur für die Familie! Ich sage ihm auf den Kopf zu, dass ich das nicht glaube. »Sie tun das, damit Ihr Vater Ihnen endlich sagt, dass er stolz auf Sie ist.« Er wird still und sagt dann: »Er hat es mir noch nie gesagt.« Und deshalb muss Hermann Z. sich totschuften.

Ich kann nur schätzen, aber ich glaube, dass mehr als die Hälfte unserer Manager von dem Ehrgeiz getrieben wird, dass Daddy endlich sagt: »Junge, du bist klasse.« Aber den meisten geht es wie Hermann Z. – die Väter tun es nicht. Und deshalb müssen sich ihre Söhne ständig beweisen. Dürfen sich nicht spüren, nicht ihrer Sehnsucht folgen, müssen funktionieren und einen Teil des Lebens opfern. Sie selbst würden das Wort Opfer nie in den Mund nehmen. Sie reden von »Herausforderung« und »Pflicht erfüllen«, von »meinen Mann stehen« und »die Erwartungen nicht enttäuschen«. Bis es sie zerreißt. Das Thema Work-Life-Balance, das derzeit so aktuell ist, ist nicht ihr Thema.

Hermann Z. nahm als Aufgabe aus dem Seminar mit, mit seiner Frau ehrlich darüber zu reden, was ihn treibt und was ihn fertig macht, von welchen Ängsten er geplagt wird und unter welch ungeheurem Druck er steht. Mit ihr würde er gern besprechen, wie es weitergehen soll.

Als Gegengift nahm er den Spruch mit: »Ich bin okay.« Aber ich glaube, dass er noch länger brauchen wird, bis er sich von der Enttäuschung durch den Vater verabschieden kann. Dass er Hilfe braucht, um sich von dessen Urteil unabhängig zu machen, um seinen Selbstwert von innen zu stärken. Um das zu tun, was er selbst wirklich will.

Von der mangelnden Anerkennung zur Selbstsabotage

Hannelore W., vierunddreißig, ist Kommunikationstrainerin und arbeitet vor allem für Verbände und Netzwerke. Sie hat BWL mit Schwerpunkt Marketing studiert, einige Jahre als Managerin gearbeitet. Vor drei Jahren hat sie sich selbstständig gemacht mit dem Ziel, in Unternehmen zu trainieren. Doch den

Durchbruch hat sie noch nicht geschafft. Ihre Teilnehmer seien zwar jedes Mal begeistert – »Glück gehabt«. Aber sie könne nicht akquirieren, sagt sie. Sie hat sogar mehrere Chancen sausen lassen, sich zu präsentieren. »Ich kann das nicht.«

Dieses »Kann ich nicht« zieht sich durch ihr Leben. Und wir kommen sehr bald darauf, dass der Ursprung ein »Das kannst du nicht« war. »Meine Eltern haben mir nicht sehr viel zugetraut, vor allem mein Vater.« Er hat die Studierwünsche seiner Tochter ablehnend kommentiert, »das schaffst du doch sowieso nicht«. Ihren Werdegang als Managerin hat er kaum wahrgenommen – »dass die dich genommen haben!«.

Ehrgeiz war ihr fremd. Sie war froh, dass sie eine Stelle angeboten bekommen hatte. Blieb, in der Nachschau, »immer unter meinen Möglichkeiten«. Sagte eher nein, wenn sich eine Chance bot, zweifelte an ihren Fähigkeiten, traute sich selbst nicht allzu viel zu, hielt sich bedeckt. Musste bei einer Umstrukturierung mit vielen anderen zusammen gehen. Und jetzt als Trainerin, na ja, sie wäre nicht schlecht, aber so den ganz großen Durchbruch, ob sie das Zeug dazu hätte? Sie hätte ein paar Kurse gemacht, aber ob das reiche?

Wir arbeiteten intensiv an ihrem Stärkenprofil. Ich las ihr anschließend die lange Liste vor: ihre Fähigkeiten, ihre Erfahrungen, ihre Erfolge, ihre Weiterbildung. Sie grinste schief und meinte: »Na, so ganz blöd bin ich wohl doch nicht?« Sie schrieb ihr Gegengift auf eine leuchtend rote Karte: »Ich kann sehr viel.«

Was mir immer wieder auffällt: Selbstzweifel finden sich quer durch alle Berufe, alle Hierarchieebenen. Noch in der ranghöchsten Managerin fand ich das »kleine Mädchen«, das sich fragt: »Wer bin ich schon?« Und diese Frage wirkt auf Menschen sabotierend: Sie machen sich kleiner, als sie sind, fordern zu wenig, streichen die Segel bei Gegenwind, halten andere immer für viel toller als sich selbst.

Hannelore W. hat sich eine To-do-Liste erstellt. Ganz oben drauf: eine Beschreibung ihres Seminarkonzepts, ihrer Angebote. Zweiter Schritt: eine Liste mit ihren Traumunternehmen erstellen, für die sie gern arbeiten würde. Denn sie ist wirklich gut! Sie wird es aber erst endgültig glauben, wenn sie es sich selbst bewiesen hat.

Von der fehlenden Streitkultur zu Autoritätsproblemen

Hans G., siebenundvierzig, ist Bereichsleiter in der Elektroindustrie. Er hat in den letzten acht Jahren drei Mal das Unternehmen gewechselt. Er hat sich mit seinen Chefs nicht verstanden, berichtet er. Und auch jetzt wieder hat er große Schwierigkeiten mit seinen Vorgesetzten. Er kann sich nicht durchsetzen und läuft schon mal schreiend aus einer Besprechung. Er hat Angst um seine Stelle. Er überlegt, ob es nicht besser sei, sich gleich selbstständig zu machen.

Im Einzelcoaching kommen wir auf die Ursachen der Konflikte mit Vorgesetzen zu sprechen. Ich frage ihn, wie er sich als Junge mit seinem Vater auseinander gesetzt hat. Er erzählt, dass sein sehr autoritärer Vater keine Diskussionen zugelassen habe. Vater entschied und basta.

Der Sohn zog sich grollend und hilflos zurück. Sprich: Hans G. hat nie gelernt, richtig zu streiten. Und das geht ihm bis heute so: Wird er von Vorgesetzten kritisiert oder wird sogar nur nach seiner Arbeit gefragt, sieht er rot, fühlt sich sofort angegriffen und reagiert völlig überzogen. Brüllt, wirft den anderen Mobbing vor, zieht sich beleidigt zurück. Er schadet sich damit immer wieder selbst und muss irgendwann gehen. Die Schuld daran hatte er immer den anderen gegeben.

Wir überlegen, warum es die fünfzehn Jahre vorher keine Konflikte gegeben hatte: Er hatte einen wohlwollenden, unterstützenden Chef, den er sehr verehrt hat und der immer auf seiner Seite stand. Dann ging der Chef in Ruhestand, und die Probleme begannen. Hans G. war dieser Zusammenhang überhaupt nicht bewusst. Wir erarbeiteten sein Gegengift: »Ich sage offen meine Meinung.« Und wir trainierten dies an vielen Beispielen. Am Ende des Coachings sagt er, dass dieser Punkt der wichtigste des ganzen Tages gewesen sei: Ein Knoten habe sich gelöst.

Acht Wochen nach unserem Treffen berichtete Hans G., dass er gar nicht mehr daran denke, aufzugeben. Im Gegenteil: Sein Verhältnis zu seinem Vorgesetzten habe sich bereits in dieser kurzen Zeit verändert: »Wir reden ganz offen miteinander, und er hat mich gestern sogar gefragt, ob ich mir vorstellen könnte, gemeinsam mit ihm die Geschäftsführung zu übernehmen. Ich fasse es nicht.«

Wir sind nicht zu blöd dafür, um uns gut zu präsentieren und auf den Instrumenten der Selbst-PR zu brillieren. Wir sind dumm erzogen! Wir haben Antreiber und Bremser im Kopf, die uns steuern. Wir sind gekränkt worden, oft in der Schule oder sogar in der Tanzstunde. Andere Menschen haben daran mitgewirkt, uns den Schneid abzukaufen. Es ist interessant anzuschauen, dass fast jeder Mensch einen »Kränkungsknopf« hat, der sie aufheulen oder sich ducken lässt, wenn jemand daran kommt. Aber wir sind nicht mehr acht oder achtzehn, sind nicht mehr existenziell abhängig von unseren Eltern, wir sind erwachsene Menschen und können uns unser »Mission Statement« selbst kreieren. Wir brauchen nicht mehr brav oder fleißig zu sein, nicht mehr bescheiden oder still – wenn wir es selbst nicht wollen. Wir sind der Maßstab unseres Handelns. Denn wir tragen auch die Verantwortung.

Wenn wir uns – in aller Unvollkommenheit – als okay empfinden, haben wir genügend Energie, um unsere Träume umzusetzen. Dann können wir aufhören, anderen ständig etwas beweisen zu wollen – oder zu trotzen! Dann bestimmen wir selbst unsere Ziele. Klingt doch verlockend? Ist es auch.

Ein starkes Selbstwertgefühl hilft uns die Angst vor der Einsamkeit der Erfolgreichen zu überwinden. Viele glauben wirklich, dass sich der Erfolg auf diese Weise »rächt«. Und dann ist es doch besser, in der Wärme des Rudels zu verharren, als sich allein an die eisige Spitze zu setzen. Wenn wir die Richtung unseres Weges selbst bestimmen, brauchen wir uns keine Entschuldigungen mehr dafür auszudenken, warum wir nicht vorankommen. Eine Klientin sagte mir einmal den wunderschönen Satz: »Mein Erfolg begann, als ich aus dem Boot der jammernden Frauen ausstieg.« Herrlich!

Ein starkes Selbstwertgefühl mindert auch die Angst vor Konkurrenz. Wir sehen sie als fairen Wettstreit um vorhandene Chancen an, dem wir uns mutig stellen können. Ein Misserfolg wirft uns nicht gleich aus der Bahn, weil wir ja um unsere Qualität wissen. Selbst die Angst vorm Risiko wird durch das steigende Selbstbewusstsein gemindert. Was sollte uns Schlimmes passieren? Nicht immer läuft alles nach unseren Wünschen, aber wir können mit klarem Kopf nach den Ursachen forschen, statt uns mit einem »Ich wusste, ich bin nicht gut genug« einzugraben.

Die Angst vor Fehlern und Misserfolgen hemmt viele Menschen; zu »scheitern« ist das Schlimmste, was wir uns vorstellen können. Als Teenager schon habe ich den blinden Sänger Ray Charles geliebt; neulich las ich, dass er in seiner Biografie von häufigem »Hinfallen«, von vielen seelischen Verletzungen schreibt. Aber er schreibt auch den zauberhaften Satz: »Wenn du dann wieder aufstehst, dann stehst du.«

Für Vorgesetzte ist es absolut wichtig zu wissen, dass viele ihre Mitarbeiter/innen mit diesen Bremsen oder Antreibern aus der Kindheit herumlaufen. Vielleicht wundern sie sich oft, dass Menschen, in die sie viel Hoffnung setzten, »nicht aus den Puschen kommen«. Vielleicht ärgern sie sich, warum der eine oder die andere in bestimmten Situationen immer so verbissen oder aggressiv reagiert. Wer es schafft, die Handbremsen zu lösen, wem es gelingt, die Antreiber zu erkennen, kann Menschen besser führen, kann ihre Motivation oder Demotivation besser verstehen und darauf eingehen. Dafür bedarf es meist einer Vorbereitung: in sich selbst hineinzuhorchen und die eigene Botschaft zu erkennen.

Übrigens: Mein Talkshow-Werdegang war dann doch noch sehr erfolgreich. Durchs Bücherschreiben wurde ich immer wieder eingeladen: Bei der fünften Sendung konnte ich schon richtig atmen, bei der zehnten ganze deutsche Sätze sprechen, und heute macht mir jeder Fernsehauftritt richtig Spaß. Ich rede, ohne darüber nachzudenken, was die Leute sagen. Ich mache Witze, ohne zu überlegen, »ob sich das ziemt«.

Aber auch sonst habe ich ein großes »Okay« auf meinem Zettel. Ich bestimme die Richtung meines Lebens. Und: Ich hatte nie zuvor ein besseres Verhältnis zu meiner Mutter. Ich nehme ihr nichts mehr übel. Wir haben oft geredet über das, was in meiner Kindheit nicht so toll gelaufen ist, und heute weiß ich genau, dass sie mich immer geliebt hat. Was für ein Geschenk!

Neulich las ich wieder mal den dümmsten aller Sprüche in meinem Poesiealbum und konnte mich wieder ausschütten vor Lachen: »Wandle stets auf Rosen in immergrüner Au, bis einer kommt in Hosen und nimmt dich dann zur Frau.« Na, das ist doch wirklich ein Lebensmotto!

Die Botschaften Ihrer Kindheit

Überlegen Sie doch mal, welche Sprüche oder unausgesprochenen Botschaften Sie aus Ihrer Kindheit mitbekommen haben.

Welche Bedeutung hatten diese Sprüche auf Sie als Kind, welche heute noch?

Ist der Spruch eher Bremser oder Antreiber?

_____
_____
_____
_____
_____

Wie lautet das »Gegengift«?
(Formulieren Sie die Mitgift positiv um, sodass sie eine Erlaubnis für Sie darstellt.)

_____
_____
_____
_____
_____

Übrigens: Wenn Ihnen überhaupt kein Spruch aus Ihrer Kindheit einfällt, kann das verschiedene Gründe haben: Mit Ihnen wurde als Kind nicht gesprochen.
Nein, im Ernst: Vielleicht wurden in Ihrer Familie keine Sprüche geklopft. Vielleicht haben Sie diese längst vergessen. Oder Sie haben sich schon früher mit ihnen auseinander gesetzt und sind bereits erwachsen. Herzlichen Glückwunsch!

Das macht Sie einzigartig

Stellen Sie sich vor: Drei Kandidat/innen bewerben sich um einen Job. Die erste sagt: »Ja, also, ich kann ein bisschen Englisch, kenne mich mit Computern relativ gut aus und bin schon auch zielorientiert. Ich kann ziemlich gut zuhören. Und in meinem Beruf muss man natürlich gut mit Menschen umgehen können. Also, da bin ich nicht schlecht.«

Der zweite sagt: »Sie werden nicht umhin können, mir den Posten zu geben. Sie finden keinen Besseren! Ich bin hervorragend eingestellt, bin am Computer unschlagbar, spreche perfekt Englisch und wenn es um Kunden geht, da macht mir keiner was vor.« Die dritte Kandidatin sagt: » Ich habe jeweils ein halbes Jahr in England und den USA studiert, habe dort auch einen Abschluss in Computer Science gemacht. In meinem letzten Job habe ich unsere fünf wichtigsten Key-Account-Kunden betreut, mit einem Umsatzvolumen von rund fünfunddreißig Millionen Euro im Jahr. Ich freue mich auf eine neue Herausforderung.«

Was glauben Sie, wer den Job bekommt? Genau kann man es natürlich nie sagen; wir wissen nicht, welche Ausstrahlung die drei Menschen haben, wie sie bei ihrem Gegenüber ankommen, mit welcher Firmenkultur sie es zu tun haben. Aber einig sind wir uns sicher darüber: Bei einem aufgeschlossenen, innovativen Unternehmen hat die dritte Kandidatin aller Erfahrung nach die größten Chancen. Warum? Weil sie mit Fakten überzeugt, klare Aussagen macht, zu ihren Leistungen steht.

Das Manko der ersten? Sie macht sich klein, ist bescheiden, vermittelt dem Gegenüber, dass sie nichts Besonderes ist. Ich werde nachher auf unsere sieben Saboteure zu sprechen kommen, die uns die Wirkung vermasseln können.

Das Manko des zweiten? Leute werden misstrauisch, wenn wir uns selbst über den grünen Klee loben, wenn wir mit Superlativen um uns werfen. Das klingt sehr nach Angeberei, nach Übertreibung. Ich werde Ihnen später Formulierungen nennen, mit denen man nicht in die Angeberfalle tappt.

Beide Kandidaten unterschätzen den Wunsch der Menschen, sich selbst ein Urteil zu bilden. Sich unter Wert zu präsentieren scheint sympathisch, ist aber dämlich. Zu übertreiben nimmt das Urteil vorweg und ist höchst unsympathisch.

Ich möchte Sie nicht zum Angeben verführen, nicht zum Bluffen, bloß nicht. Ich möchte Sie auch vor falscher Bescheidenheit warnen. Ich möchte Sie aber dazu ermutigen, klar und deutlich zu sagen, was Sie können. Nicht mehr und nicht weniger. Je mehr Ihr Gegenüber von Ihren Stärken erfährt, umso größer werden Ihre Chancen, sich in Ihrer Einzigartigkeit zeigen zu können.

Notieren Sie doch einmal fünf stichhaltige Argumente, warum jemand Ihnen den Traumjob anbieten oder Ihnen einen super Auftrag geben sollte. Warum gehören Sie befördert, ausgewählt und promotet? Eines vorweg: Weil Sie das gern hätten oder doch schon so lange dabei sind, oder das Geld so nötig bräuchten, gilt nicht.

Es fällt Ihnen leicht? Ihnen fallen nicht nur fünf, sondern gleich ein Dutzend Gründe ein? Glückwunsch. Sie werden sich in diesem Kapitel wahrscheinlich sehr bestätigt sehen. Den meisten Teilnehmer/innen in meinen Seminaren fällt es wesentlich schwerer (deswegen kommen sie ja zu mir). Würde ich nach Schwächen fragen, so meine Erfahrung, würden sie nur so lossprudeln. Aber Stärken, da kauen doch viele lange am Stift.

Es ist auch Ihnen schwer gefallen, fünf Argumente zu finden? Sie denken: Ja, warum sollte man eigentlich mich nehmen? Dann ist dieses Kapitel genau für Sie geschrieben. Sie werden am Schluss mehr Klarheit über Ihr Stärkenprofil haben – versprochen!

Lassen Sie sich auf ein Spiel ein? Legendär ist in meinen Seminaren inzwischen das »Zirkusspiel«, das ich vor einigen Jahren entwickelt habe. Mit dieser Partnerübung werden meine Teilnehmer/innen auf die Kunst sich gut zu verkaufen eingestimmt. »Think big« ist dabei die Devise, und schon nach wenigen Minuten werden imaginäre Pirouetten gedreht, Löwen zu Schoßhündchen und Chefs weggezaubert. Diese Übung geht immer unter großem Gelächter ab. Ist die erste Scheu überwunden, laufen die meisten zur Höchstform auf.

Anschließend lasse ich die Pluspunkte der Kandidaten im Plenum präsentieren, mit sehr interessanten Ergebnissen: Die Teilnehmer/innen präsentieren sich im Grund genau so, wie sie sind. Heißt: Man kann nicht zwei Rollen gleichzeitig spielen. Sie sind so damit beschäftigt, sich mit der Zirkuswelt auseinander zu setzen, dass sie sich nicht gleichzeitig verstellen können. Sie zeigen sich in ihrer ganzen Großartigkeit, mit ihren tatsächlichen Stärken. Und strahlen, wenn sie die Auflösung bekommen. Das gilt sogar für die, die erst mit einer gewissen Skepsis an dieses »Spielchen« herangehen. Wie Stefan beispielsweise, Börsenspezialist bei einer Privatbank. Er greift sich supercool das Schild »Nummerngirl« heraus und hält es demonstrativ hoch. Alles feixt. Dann legt er in seinem Bewerbungsgespräch eine geniale Vorstellung aufs Parkett. Man sieht ihn wie in Disney's »Straußenballett« vorbeitänzeln.

Als seine Interviewerin ihn im Plenum vorstellt, hört sich sein Stärkenprofil so an: Er kann gut mit Zahlen umgehen und hervorragend rechnen. Er ist stets perfekt gekleidet und kann sich im Stil allen Gegebenheiten anpassen. Er verbindet die Nummern der anderen auf kunstvolle Weise, um dem Ganzen mehr Profil zu verschaffen. Er bleibt auch im größten Chaos cool und kann im Notfall blitzschnell improvisieren. – Stefan hatte, ohne es zu merken oder gar zu wollen, seine tatsächlichen Fähigkeiten herausgestellt, die ihn tatsächlich in der Bank zu einem geschätzten Spezialisten gemacht hatten.

Ganz anders dagegen Lisa, eine vierunddreißigjährige Archäologin, nach einem Zweitstudium auf Arbeitssuche. Nach einigen misslungenen – realen – Bewerbungsgesprächen will sie im Seminar praktische Tipps für eine bessere Selbst-PR bekommen. Als »Elefantendompteuse« verkauft sie sich im Spiel-Interview so schlecht, dass ihre »Chefin« sie beim besten Willen nicht einstellen will. Chancen, die ihr geboten werden, nimmt sie nicht an.

Weil das ausgesprochen selten vorkommt, frage ich im Plenum genau nach: Was war los? Lisa ist selbst ziemlich ratlos. »Ach, ich mag solche Spiele einfach nicht. Ich habe keine Fantasie«, jammert sie mit dünnem Stimmchen. Auch ihre Partnerin bestätigt: »Ich hatte den Eindruck, sie wollte sich gar nicht gut verkaufen. Die wollte mit ihren Elefanten nur in Ruhe gelassen werden.«

Erst nach vielen weiteren Übungen sagt Lisa plötzlich: »Es stimmt, ich will gar nicht fest angestellt werden. Ich habe einen Horror vor der Vorstellung, jeden Morgen in eine Firma latschen zu müssen. Ich möchte töpfern und reisen, Geld verdienen, wenn ich etwas brauche, und ansonsten tun, was ich möchte.«

Als sie dann von ihrem Hobby, dem Töpfern, erzählt, verwandelt sie sich vor unseren Augen in eine wahre Künstlerin:

Da leuchten ihre Augen, da glühen die Wangen, die Hände formen imaginäre Schalen, und ihre Stimme wird dunkel und warm. Am Ende des Seminars hat sie ein halbes Dutzend Visitenkarten ihrer Mitspieler in der Tasche, die alle zu ihrer nächsten Ausstellung eingeladen werden wollen.

Können Sie sich vorstellen, wie bei der Zirkusübung die Post abgeht? Sie können mithilfe einer Partnerin/eines Partners diesen Kick ganz leicht selbst erleben:

Stellen Sie sich vor, Sie sind ein Star in der Manege. Ein renommierter Zirkus hat Sie zu einem Vorstellungsgespräch eingeladen. Sie haben genau fünf Minuten Zeit, sich zu präsentieren. Und Sie sollten diese Zeit nutzen, denn draußen sitzen noch drei Weltstars, die diesen Job haben wollen. Ich kann Ihnen vorab verraten: Mit Formulierungen wie »Ich habe das zwar noch nie gemacht, würde es aber gern ausprobieren« kommen Sie nicht weit.

Suchen Sie sich als Erstes irgendeinen Zirkusberuf aus, da gibt es beispielsweise:

- Feuerschlucker
- Jongleur
- Direktor
- Zauberer
- Seiltänzer
- Messerwerfer
- Dirigent
- Schlangenmensch
- Trapezkünstler
- Dompteure aller Art (von rosa Meerschweinchen über gemischte Katzengruppen bis zu Krokodilen)

Nun lassen Sie ganz spontan Ihrer Fantasie freien Lauf. Erzählen Sie fünf Minuten lang etwas über Ihre Sensationen, wie Sie in Las Vegas aufgetreten sind oder im Chinesischen Staatszirkus, wie Sie David Copperfield das Zaubern beigebracht haben oder den weißen Tigern das Gehorchen. Erzählen Sie von Ihrer großen Nummer und wie Sie Zirkuszelte füllen können. Erwähnen Sie, wofür Sie den Goldenen Clown in Monte Carlo bekommen haben oder die Höchstgage bei Barnum. Noch einmal: Erzählen Sie ruhig den größten Schmarren, aber eindrucksvoll sollte er klingen. Auch wenn Sie sich anfangs vielleicht etwas albern vorkommen, Sie werden bald bemerken, wie Sie souverän über Dinge reden können, die Sie in Ihrem Leben noch nie gedacht, geschweige denn gemacht haben.

Bitten Sie Ihren Sparringspartner um zweierlei: Erstens, dass er wohlwollend nachfragt: »Sind Sie nicht damals den Eiffelturm auf Rollschuhen heruntergefahren?« – zum Beispiel. (Es geht in diesem Gespräch nicht darum, den Kandidaten fertig zu machen! Es geht um gute Selbstdarstellung.) Und dann bitten Sie ihn, drei Pluspunkte aufzuschreiben, die ihn besonders beeindruckt haben. Waren es die Preise, die Sie eingeheimst haben, oder Ihr Mut? Die Waghalsigkeit, die Sie bei der Nummer mit den rotierenden Kreissägen bewiesen haben, oder wie Sie Ihren alten Zirkus mit Ihrem Managementgeschick aus den roten Zahlen gebracht haben?

Wie oft habe ich schon erlebt, dass Seminarteilnehmer am Schluss dieser Übung die anderen verunsichert fragen: »Haben Sie tatsächlich schon mal im Zirkus gearbeitet?« So überzeugend waren die Spielpartner.

Die häufigsten Pluspunkte, die von den Partnern lobend erwähnt werden, sind übrigens:

1. (Internationale) Erfahrung
2. Mut/Risikobereitschaft
3. Zielorientierung

4. Gute Ausbildung
5. Ideen/Konzepte
6. Fantasie/Kreativität
7. Referenzen/Preis
8. Engagement/Begeisterung
9. Humor
10. Teamfähigkeit
11. Durchsetzungskraft
12. Einfühlungsvermögen

Diese Begriffe haben alle nicht ausschließlich mit Zirkus zu tun, sondern es sind die Eigenschaften, mit denen wir andere Menschen überzeugen. Denken Sie an diese Liste, wenn Sie nachher Ihr ganz persönliches Stärkenprofil erstellen.

Warum fällt es relativ leicht, sich in der Zirkusrolle so gut zu verkaufen? Die Antworten meiner Teilnehmer/innen: »Weil es ja nur ein Spiel ist«, »Weil ich es ja nicht beweisen muss«, »Weil es um nichts geht als Spaß.« Aber gerade um diese Leichtigkeit geht es. Auch in tatsächlichen Bewerbungssituationen oder Akquisitionsgesprächen würde uns diese Lust am Spiel gut tun. Wenn wir mit Fakten überzeugen, wenn unsere Leidenschaft sichtbar wird, wenn wir unsere Talente leuchten lassen und wir einfach sagen, welche Erfolge wir schon erzielt haben.

Entdecken Sie Ihren USP

Es gibt eine ganze Branche, die in der Wirtschaft versucht, die Einzigartigkeit von Produkten herauszuarbeiten: das Marketing. Es entwickelt »Marken«, die im Gegensatz zu »Me-too-Produkten« (die es halt auch noch gibt) einen hohen Bekanntheitswert und ein bestimmtes Image besitzen. Dieses

Image nennt man USP = Unique Selling Proposition, auf Deutsch weitaus profaner: Alleinstellungsmerkmal oder einzigartiges Verkaufsversprechen. Wenn Sie den Spruch »Nichts ist unmöglich« hören, fällt Ihnen wahrscheinlich die Automarke Toyota ein (die meisten Menschen können den Slogan sogar singen!). Wenn Sie den Begriff »Megapearls« hören, denken Sie mit ziemlicher Sicherheit an Persil. Dies sind Marken, die etwas Einzigartiges versprechen (alle Wunder dieser Welt oder das einzigartige Wascherlebnis).

Als ich das erste Mal in der Heimat meines Mannes, in Eritrea war, beherrschte ich die dortige Landessprache und die Schrift, eine Silbenschrift, noch nicht. Und trotzdem konnte ich sofort ein großes Reklameschild lesen, das an einer der Hauptstadtstraßen stand. Das Schild war rot mit vier weißen Schriftzeichen. Und, kommen Sie auch drauf? Na klar: Coca-Cola. Dieser Wiedererkennungseffekt kommt durch das einzigartige Versprechen: Egal in welchem Land du bist, du bekommst immer dieselbe braune, süße Brause. Das ist ein USP, Madonna mia! Roter Hintergrund, weiße Schrift – alles klar, achtundneunzig Prozent der Weltbevölkerung kennen das Wort Coca-Cola, habe ich mal gelesen. Einen ähnlichen Wiedererkennungseffekt haben wir mit rot-gelben Schildern von McDonald's oder dem Blau von Aral.

So wie man für Marken einen USP entwickeln kann, so ähnlich kann man auch das Alleinstellungsmerkmal einer Person entwickeln. Die Frage heißt: Was macht Sie einzigartig? Was unterscheidet Sie von anderen? Welche Qualifikation, welche Charaktereigenschaften, welche Erfahrung prägen Ihr Profil? Meistens ist es nicht nur eine Eigenschaft, die uns unverwechselbar macht (wir sind ja nicht Einstein oder Freud), sondern es ist die Summe unserer Stärken, die das Profil formen.

Aus unzähligen Seminaren weiß ich, dass in einem Raum mit Hunderten von Menschen nicht zwei mit demselben Profil sitzen, und seien sie alle Ingenieur/innen, Journalist/innen oder Sekretär/innen. Das macht die Arbeit für mich so ungeheuer spannend: einerseits die Vielfalt der einzigartigen Menschen zu erleben und ihnen andererseits dabei zu helfen, ihr Alleinstellungsmerkmal überhaupt zu erkennen. Denn den meisten ist es nicht bewusst. Sie sagen erst einmal von sich: Das, was ich kann, ist doch nichts Besonderes. Erst wenn ich sie mit der einzigartigen Mixtur ihrer Stärken konfrontiere, kommt ein Glimmen in ihre Augen, ein entspannter Zug um den Mund, ein Straffen der Schultern. Erst wenn wir wissen, was uns einzigartig macht, können wir beginnen, uns in unserer Großartigkeit zu zeigen, können Bühnen suchen, um unsere Kompetenz zu beweisen.

Erstellen Sie doch jetzt einmal Ihren persönlichen Business-USP: Was macht Ihre Großartigkeit aus? Halten Sie sich dabei ruhig an die Devise »Think big!«. Notieren Sie mindestens zehn Pluspunkte, es dürfen aber auch zwanzig oder dreißig sein. Denken Sie insbesondere daran:

- Was kann ich richtig gut?
- Welche Ausbildung/en habe ich?
- Welche Erfahrungen bringe ich mit?
- Welche Erfolge habe ich erzielt?
- Wofür bin/war ich verantwortlich?
- Welche Referenzen habe ich?
- Welche Ideen habe ich?
- Was zeichnet mich aus?
- Was habe ich bewiesen?
- Was habe ich aus Misserfolgen gelernt?
- Was macht mir besonderen Spaß?
- Was fällt mir ganz leicht?

Hier eine kleine Hilfe für Sie: Denken Sie an Begriffe wie nett, freundlich, ordentlich, pünktlich, nachgiebig, flexibel, ich kann lesen und schreiben. Nein, ich bin nicht verrückt geworden. Diese Begriffe brauchen Sie nicht hinzuschreiben – denn sie tragen nicht zu Ihrer Alleinstellung bei. Nicht dass sie unwichtig wären, nein, bestimmt nicht, aber ich habe die Erfahrung gemacht, wenn ich in Seminaren nicht von vornherein diese »No-no«-Liste vorgebe, klingen alle Profile irgendwie gleich.

Versuchen Sie auch, nette sympathische Eigenschaften in Businesssprache zu »übersetzen«. Also statt »Ich kann gut zuhören« beispielsweise »Ich bin die Kommunikationszentrale unserer Abteilung«. Statt »Ich kenne mich ganz gut mit Computern aus« lieber »Ich betreue als Systemadministrator hundertdreiundzwanzig Mitarbeiter, habe zwei Computerprogramme selbst entwickelt und eingeführt«. Statt »Ich kann gut mit Zahlen umgehen« besser »Ich bin für das Controlling meiner Abteilung mit einem Jahresumsatz von knapp dreieinhalb Millionen Euro verantwortlich«. Kommen Sie allein nicht auf genügend Pluspunkte, dann fragen Sie doch Menschen, denen Sie vertrauen: Was schätzen Sie an mir? Rufen Sie frühere Kolleg/innen an: Was bringe ich deiner Meinung nach in meinen Beruf ein? Wofür wurden Sie unlängst gelobt? Was sagt Ihr Chef über Sie? Was stand in Ihrer letzten Mitarbeiterbeurteilung? Manchmal steht auch ein außergewöhnliches Hobby, das Sie pflegen, für eine Arbeitseinstellung oder Ihre Herangehensweise an Probleme, erwähnen Sie es ruhig.

Hier als Beispiel das Stärkenprofil von Karin B., einer vierunddreißigjährigen Sachbearbeiterin, vor und nach dieser Übung. Die erste Version klang so:

1. Ich bin einfühlsam.
2. Ich kann gut zuhören.

3. Ich bin engagiert.
4. Ich kann ganz gut Zusammenhänge erkennen.
5. Ich habe eine gute Ausbildung.
6. Ich bin verlässlich.
7. Ich spreche dreieinhalb Fremdsprachen, die letzte aber noch nicht besonders.
8. Ich kann gut organisieren.
9. Ich bin immer freundlich.
10. Ich bin penibel.

Ganz nett, sagte ich ihr. Aber würde ich ihr deswegen einen Traumjob anbieten? Und wir erarbeiteten in einer intensiven Feedback-Runde ein Stärkenprofil, das sie anschließend mit einem strahlenden Lächeln vortrug:

1. Ich kann gut mit Kunden umgehen, besonders mit schwierigen. Ich sehe dies als Herausforderung an und erziele gute Ergebnisse.
2. Ich erkenne die Lösungswünsche meiner Kunden sehr schnell und kann das entsprechende Angebot machen.
3. Ich bin für den Bereich Privatkunden verantwortlich und habe dazu beigetragen, dass wir den Umsatz in dieser Sparte im letzten Jahr um fast dreißig Prozent erhöht haben.
4. Ich kenne mich in der Branche aus, halte auf Messen oder Kongressen Referate zu meinem Spezialthema.
5. Ich bin gelernte Einzelhandelskauffrau und habe vorletztes Jahr die Prüfung zum Betriebswirt mit Auszeichnung abgelegt.
6. In der Firma, in der ich meine Ausbildung gemacht habe, wurde mir nach dem Abschluss die Stelle als Sachbearbeiterin angeboten. Im letzten Jahr habe ich noch den Bereich xy dazubekommen.

7. Ich spreche Englisch, Französisch und Spanisch und lerne zurzeit Italienisch. Sprachen lernen fällt mir leicht.
8. Ich habe in den letzten Jahren regelmäßig Kundenveranstaltungen organisiert; das Feedback intern und extern ist sehr positiv. Gerade bin ich ins Projektteam berufen worden, das die nächste Hauptversammlung vorbereitet.
9. Ich mag Menschen und strahle dies offensichtlich auch aus. Durch zwei Aufenthalte in Frankreich und den USA habe ich mein interkulturelles Bewusstsein geschult.
10. Ich trage Budgetverantwortung und sorge dafür, dass meine Abteilung den Jahresetat nicht überschreitet.

Klingt ein bisschen anders, nicht wahr? Und ist nicht angeberisch, nicht übertrieben, nicht unsympathisch. Aber wesentlich wirkungsvoller. Ich kann Ihnen sehr empfehlen, Ihr Stärkenprofil noch einmal darauf abzuklopfen, ob Sie sich »ganz nett« beschreiben oder wirklich professionell. Ob Sie einen »Wow«-Effekt integriert haben, der bei Ihren Zuhörern eine nachhaltige Wirkung erzielt. Falls es Ihnen noch schwer fällt, das Besondere zu benennen, überlegen Sie, wie Sie zur Wertschöpfung Ihres Unternehmens beitragen. Also: Was macht Sie zum wertvollen Mitarbeiter, zur wertvollen Mitarbeiterin? Oder: Warum sollten Ihre Kunden bei Ihnen einkaufen/bestellen/Termine machen und nicht bei den Mitbewerbern?

Bei Gewerbetreibenden oder Freiberuflern kann dieser »Wow«-Effekt den Umsatz massiv beeinflussen. Dass Sie Ihr Handwerk verstehen, davon gehen Ihre Kunden aus. Aber was ist denn das bisschen mehr, das Sie bieten? Was sind die Besonderheiten? Was ist Ihr USP? Nur wenn Sie sich von anderen positiv unterscheiden, wird den Kunden Ihr Name einfallen, wenn sie etwas aus Ihrer Produktpalette brauchen.

Einige Beispiele: Irene Sieber hat zwei Geschäfte in Rothenburg ob der Tauber, in denen sie schicke Mode in großen

Größen anbietet. Na ja, gibt es woanders auch, könnte man sagen. Aber: Irene Sieber hat eine eigene Linie designt, die sie Kundinnen auf den Leib schneidern lassen kann. Außerdem bietet sie einen Superservice: von Dates außerhalb der Ladenöffnungszeit bis zum Angebot an Kundinnen in anderen Städten, eine Auswahl von Kollektionsteilen zum Anprobieren nach Hause zu schicken. Was mir in ihrem Geschäft am besten gefällt (und warum ich inzwischen zur Stammkundin geworden bin): Sie gehört selbst zu ihrer Zielgruppe und weiß deshalb beim Kreieren von Schnitten genau, worauf sie achten muss. Und mehr als das: Sie strahlt eine umwerfende Fröhlichkeit aus, so viel Selbstbewusstsein, dass sie ganz nebenbei ein Role Model für ihre Kundinnen ist. Dies alles gehört zu ihrem USP ... einen Laden haben allein reicht nicht!

Mein Steuerberater Peter Strumberger ist ein hervorragender Steuer- und Unternehmensberater. Er geht sehr auf seine Kunden ein. Inzwischen beschäftigen er und seine Geschäftspartnerin über dreißig Angestellte. Und er weiß, dass nur motivierte Angestellte ebenfalls gut mit Kunden umgehen. Schon seit längerem bietet er deshalb seinen Mitarbeiterinnen unter anderem einen kostenlosen Bügelservice. Sie bringen am Freitag ihre Wäsche mit ins Büro und können sie am Montagmorgen frisch gebügelt wieder in Empfang nehmen. Ein Plus für die Erholung. Peter Strumberger hat schon Preise für sein frauen- und familienfreundliches Unternehmen bekommen, wird zu Veranstaltungen eingeladen. Und auf einer Podiumsdiskussion lernte auch ich ihn kennen. So kann man ebenfalls Kunden akquirieren!

Ein drittes Beispiel: Christian und Anja Barth, ein junges Wirtsehepaar um die dreißig, zwei Kinder (ich bin Patentante von der jüngeren, meiner Anna). Sie leiten die Gastronomie im Favorite-Parkhotel im Mainzer Stadtpark. Dazu gehören ein edles Restaurant, gemütliche Bier- und Weinstuben,

Bankett- und Tagungsräume und im Sommer ein herrlicher Biergarten, alles mit einem fantastischen Blick über Mainz und den Rhein. Sie bieten für die Gäste des Restaurants am Wochenende Kinderbetreuung an, sodass die Eltern ganz in Ruhe sitzen, essen und genießen können. Sie haben dafür eine Erzieherin eingestellt, eine große Spielecke eingerichtet und verschiedene Kindermenüs kreiert.

Der Gag an der ganzen Sache: Dieser Service ist kostenlos! Einschließlich des Essens für die kleinen Gäste, die Mal- und Bastelmaterialien und die kleinen Koch- und Backkurse für die Kinder. Bereits mehrmals haben die Mainzer Zeitungen über diesen tollen Service berichtet – das ist Selbst-PR vom Feinsten. Hier wird wieder einmal klar: Du musst dich unterscheiden, um auf dich aufmerksam zu machen.

Überlegen Sie deshalb noch einmal intensiv: Was mache ich anders, was biete ich zusätzlich, was ist überhaupt nicht selbstverständlich? Worauf könnte ich noch kommen, um mich zu positionieren und zu profilieren?

Hier ein paar Ideen von mir, wie Selbstständige sich unterscheiden könnten:

1. Ein Friseur bietet in der Zeit des Haarschnitts einen kostenlosen Einkaufsservice oder Erledigungsdienste wie das Abgeben oder Abholen von Sachen in/aus der Reinigung an. Kooperationsmöglichkeiten gibt es viele.
2. Eine Grafikerin übernimmt bei der Erstellung von Briefpapier, Karten oder Flyern die gesamten Verhandlungen mit der Druckerei und erledigt alle Wege für den Kunden.
3. Ein Trainer bietet seinen Teilnehmern zusätzlich zu den Seminaren eine kostenlose vierteljährliche Telefonbetreuung, wenn es mit der Umsetzung nicht so recht klappt.
4. Die Besitzerin eines Relocation-Service bietet einmal im Monat für ihre ausländischen Kunden einen kostenlosen

Altstadtrundgang mit der Vorstellung interessanter Kneipen an – Gäste dürfen mitgebracht werden. So macht man sich bekannt!

Über das Stärkenprofil lassen sich aber auch hervorragend Geschäftsideen entwickeln. Manchmal auf verschlungenen Pfaden, aber sehr effektiv. Ich denke an eine Brasilianerin, die ich einmal gecoacht habe. Nennen wir sie Maria.

Sie hatte viele Jahre in Deutschland gelebt und gearbeitet. Anpassung war ihr Thema und ihr Problem. Obwohl sie noch so sehr versuchte, eine »gute Deutsche« zu sein, wurde sie immer wieder als »Ausländerin« ausgegrenzt. Sie wollte sich gern selbstständig machen, wusste aber nicht womit.

Im Gespräch erwähnte sie, wie froh sie sei, dass die Familie ihres deutschen Ehemanns sie so freundlich aufgenommen habe. Das klang mir zu unterwürfig. Und deshalb erstellte ich eine Liste mit ihr, wie sie denn ihrerseits diese Familie bereicherte.

Die Pluspunktliste las sich folgendermaßen:

1. Herzlichkeit
2. Rhythmus
3. Fröhlichkeit
4. Temperament
5. Musik
6. Leidenschaft
7. Leckeres Essen
8. Liebe
9. Warmherzigkeit
10. Unterhaltung
11. Spaß
12. Brasilianisches Flair

Und jetzt überlegten wir gemeinsam: Welche Dienstleistung könnte man mit diesen wunderbaren Eigenschaften verbinden?

Die Lösung fiel innerhalb von zwei Stunden: Dann stand das Konzept für Marias brasilianischen Partyservice. Wir waren uns einig: Statt ständig zu versuchen, die beste Deutsche zu werden, wäre es doch viel gescheiter, die beste Brasilianerin in Deutschland zu werden. Maria hat sich danach sofort an die Umsetzung gemacht. Jede Woche kamen Mails mit ihren konzeptionellen Schritten. Inzwischen besteht ihre Firma seit drei Jahren, sie liefert leckere südamerikanische Buffets, stellt eine umwerfende Cocktailbar auf (Caipis satt!) und vermittelt dazu heiße Musik und temperamentvolle Tänzer/innen. Von meiner Büroeinweihung »à la brasilian« schwärmen meine Gäste heute noch, bis nachts um vier haben wir getanzt. Und Maria strahlend mittendrin!

Noch besser werden mit der Madonna-Methode

Sie kennen vielleicht die Fernsehwerbung, in der jemand immer wieder zwischendurch mit friesischem Akzent fragt: »Und was ist mit Tee?« Genauso könnte man jetzt fragen: Und was ist mit Schwächen? Schwerpunkt der Arbeit an Selbst-PR-Strategien müssen die Stärken sein, denn auf denen beruht unser Erfolg. Lenkt man den Fokus zu sehr auf Schwächen, fällt es noch viel, viel schwerer, sich für etwas Wertvolles zu halten, sich zu zeigen, Chancen zu nutzen. Ich arbeite deshalb in meinen Seminaren und in Coachings fast ausschließlich mit Stärken.

Aber natürlich ist klar, dass wir alle nicht perfekt sind. Deshalb habe ich für Kunden, die den Ehrgeiz haben, noch besser zu werden, die Madonna-Methode entwickelt. Ich nenne sie so, weil die gleichnamige Sängerin darin eine Rolle spielt. Es geht in dieser Übung darum, sich ein Vorbild zu suchen und anzuschauen, wovon man selbst mehr haben möchte.

»Madonna imponiert mir. Die hat Power. Die macht, was sie will. Die schert sich nicht um die Meinung von andren Leuten. Und macht 'ne super Musik.« So schwärmte mir vor einiger Zeit eine Frau im Coaching vor. Und wir kamen sehr schnell darauf, dass genau das auch ihr Thema war: zu tun, was sie sich wünscht, ohne dauernd auf andere Leute zu hören.

Seitdem gehört die »Madonna-Methode« zum festen Repertoire meiner Coaching-Übungen.

Sie eignet sich aber auch sehr gut zum Selbstversuch. Probieren Sie es doch mal aus: Wollen Sie Ihre Persönlichkeit entwickeln oder noch mehr als bisher Ihre Wünsche und Träume leben? Dann nutzen Sie die Madonna-Methode für Ihr privates »Benchmarking«. Benchmarking nennt man in Unternehmen eine Qualitätsstrategie, mit der man von den besten Mitbewerbern lernen kann: Was machen die besser als wir, wo können wir etwas verändern? Genau so können Sie Ihre Qualität steigern. Hier die fünf Arbeitsschritte der Madonna-Methode:

1. Das Vorbild

Suchen Sie sich für Ihr persönliches Benchmarking eine Person, die Sie bewundern, verehren oder einfach klasse finden. Es kann sich um einen Menschen aus der Öffentlichkeit handeln (lebende oder historische): Madonna oder Renate Künast, Harald Schmidt oder Sophie Scholl, Richard Gere oder Mahatma Gandhi, Karl der Große oder Prinzessin Diana ... Die

Person kann aber auch eine Figur aus Literatur oder Film sein: Der kleine Prinz, James Bond, Ally McBeal, Spiderman, Siddhartha, Lara Croft (oder Tic, Tric und Trac).

Ein weiteres Suchfeld: Gibt es Freunde, Freundinnen, Verwandte, Chefs/Chefinnen oder Lehrer/innen, die Ihnen imponieren oder früher imponiert haben? Notieren Sie den Namen auf einem großen Blatt Papier.

2. Die Positiv-Liste

Schreiben Sie jetzt alle positiven Merkmale auf, die Sie an dieser Person schätzen, beispielsweise: Sie ist sehr mutig – Sie lebt ihr Leben – Sie ist schlagfertig – Sie singt super – Sie ist immer fröhlich – Sie ist warmherzig – Sie war immer gerecht – Sie hat so einen herrlichen Humor – Sie vertritt einen klaren Standpunkt ...

Versuchen Sie, mindestens fünf positive Eigenschaften zusammenzustellen. Lassen Sie hinter jedem Punkt Platz für weitere Notizen.

3. Abgucken

Jetzt schreiben Sie zu jeder Eigenschaft dazu, was Sie tun können, um selbst diese positiven Merkmale zu verstärken. Überlegen Sie sorgfältig, woran es hapert, was sich verändern muss, dass Sie mehr von dieser positiven Eigenschaft bekommen.

Das könnte zum Beispiel so aussehen: Ich werde öfter sagen, was ich will. Ich werde in einen Chor gehen. Ich werde versuchen, mutiger meinen Standpunkt zu vertreten. Ich werde mir Verbündete suchen. Ich werde mich trauen, öfter nein zu sagen. Ich werde nicht mehr alles so schrecklich persönlich nehmen ...

4. Umsetzung

Die Erkenntnis ist der erste Schritt, jetzt geht es an die Umsetzung. Erstellen Sie als Nächstes auf einem anderen Blatt eine To-do-Liste, auf der Sie sich weitere kleine Schritte der Veränderung aufschreiben, beispielsweise: Ich werde in der nächsten Woche mit meinem Chef über einen neuen Bürostuhl sprechen. Ich werde meiner Freundin sagen, was mich schon lange stört. Ich werde in der nächsten Konferenz ja sagen, wenn ich gefragt werde, ob ich die Präsentation mache. Ich werde mich erkundigen, welche Möglichkeiten es für ... gibt. Fügen Sie Deadlines hinzu – bis wann wollen Sie was erledigt haben?

Die Erfahrung zeigt: Nur wenn wir uns klare Termine setzen, fühlen wir uns verpflichtet, Aufgaben und Vorhaben wirklich anzugehen.

5. Controlling

Schauen Sie nach vier oder acht Wochen nach, was sich verändert hat, was Sie umgesetzt haben und ob Sie Fortschritte gemacht haben. Falls gar nichts in Gang gekommen ist, horchen Sie noch einmal in sich: Was hält Sie davon ab, etwas zu verändern? Welche Ängste hemmen Sie? Sind es reale oder fiktive? Was kann schlimmstenfalls passieren, wenn Sie Veränderungen wagen? Und was wäre der Gewinn für Sie? Sind Sie bereit, den Preis für den zu erwartenden Benefit zu zahlen?

Falls Sie erste Erfolge zu verzeichnen haben: Belohnen Sie sich. Und beschließen Sie die nächsten Schritte.

Übrigens, aus der Erfahrung vieler Einzelcoachings weiß ich: Sie haben bereits viel von dem Menschen, den Sie bewundern. Denn nur weil Sie verwandte Seiten erkennen, mögen Sie diese Person. Wenn diese Figur Ihnen völlig wesensfremd wäre, fänden Sie sie längst nicht so attraktiv. Wirklich: Es gibt mehr Parallelen als Unterschiede mit Ihrem »Idol«.

Also ran ans Feintuning! Damit Ihr eigenes Stärkenprofil noch bunter und kraftvoller wird!

Träumen Sie nicht, schreiben Sie

So etwa mit dreizehn träumte ich davon, Weltmeisterin im Eiskunstlaufen der Paare zu werden. In meinen Tagträumen sah ich mich von einem bildschönen Kufenpartner wie eine Elfe übers Eis getragen, hörte die mitreißende Musik, sah die Scheinwerfer und das jubelnde Publikum (Ältere unter Ihnen erinnern sich vielleicht noch an Marika Kilius und Hans-Jürgen Bäumler? Genau so!). Das Hinderliche war nur, dass ich in meiner ganzen Jugend nicht ein einziges Mal auf Schlittschuhen gestanden hatte. Da war es schwer, Weltmeisterin zu werden.

Und damit haben Sie schon einen der wesentlichen Unterschiede zwischen Träumen und Visionen: Träumen kann man von allem, auch davon, auszusehen wie Claudia Schiffer. Visionen aber brauchen die Handlungsperspektive – ich muss selbst etwas dazu beitragen können, um dieses Ziel zu erreichen. Träumer sind oft Bewohner des schon erwähnten »Eigentlich-Landes«: Sie reden zwar immerzu von ihren Träumen – »Eigentlich würde ich gern ...« –, finden aber gleich immer ganz viele Aber, warum sie es dann doch nicht anpacken.

Visionäre findet man dagegen eher in der Stadt »Tun«. Dort werden Pläne geschmiedet, Projekte entwickelt, Entscheidungen getroffen, Risiken eingegangen, dort werden die Bewohner aktiv: versuchen, handeln, geben ihr Bestes, kalkulieren Niederlagen ein, feiern Erfolge.

Sie können sich vorstellen, dass das Leben in der Stadt »Tun« um einiges lebendiger, spannender ist als im drögen »Eigentlich-Land«. Aber: Wenn Sie mithilfe einer guten Selbst-PR auf sich aufmerksam machen, sich positionieren wollen, sollten Sie wissen, in welche Richtung die Reise gehen soll. Welches Ziel verfolgen Sie?

Die Schlagzeilen-Übung

Viele Jahre lang habe ich in Seminaren mit meinen Teilnehmer/innen zum Thema Ziele die »Schlagzeilen-Übung« gemacht: »Welche Überschrift möchten Sie in spätestens drei Jahren über sich in einer angesehenen Zeitung lesen?« Aus meiner Arbeit als Journalistin wusste ich, dass in einer Überschrift Dinge »auf den Punkt« gebracht werden.

Einige Teilnehmer legten sofort los und schrieben ihre Super-Schlagzeile auf. »Firma Müller hat Umsatz im vergangenen Jahr verdoppelt« – »Veronika Pelzer zur Unternehmerin des Jahres gewählt« – »Bahnbrechende Erfindung im Biotech-Bereich gelungen« – »Heinz Maier wird Leiter der Fertigung Nutzfahrzeuge« – »Gina Berg zur Professorin an der FH Wiesbaden berufen« – »Lothar Markus: Der neue Leiter der Buchhaltung«. Strahlende Aussagen. Strahlende Augen.

Andere formulieren zwar eine Zeile, etwa »Martha Meves schafft Sprung in Marketingabteilung«, glauben aber selbst nicht so recht daran. Ich erinnere solche Zweifler gern an ihre alten Botschaften aus der Kindheit. Meist sind diese verantwortlich für die Unsicherheit, für den mangelnden Optimismus, sie stoppen die Fantasie. Und ich rufe das Gegengift in Erinnerung: Wie heißt das neue Motto? Was ist der neue Plan? Wenn man die Teilnehmer dann fragt: »Warum sollten Sie das eigentlich nicht erreichen?«, glimmt Zuversicht in die Machbarkeit auf. Ja, warum nicht?

Eine einseitige Definition für Erfolg gibt es im Übrigen nicht. Aber eines ist sicher: Erfolg ist viel mehr als Karriere. Es geht bei Erfolgszielen darum, mein Leben so zu gestalten, dass ich glücklich bin. Oder, wie ein englischer Buchtitel es nennt: »Be Number One in Your Own World«. Ja, darum geht es, wir selbst setzen die Ziele fest, suchen unseren Platz in unserer Welt. Das kann durchaus bedeuten, die Nummer eins in einem Unternehmen zu werden. Oder die Nummer eins auf dem Markt. Aber Erfolg kann auch bedeuten, dass ich es schaffe, Familie und Beruf gut in Balance zu bringen. Mein Ziel ist es dann vielleicht, einen gut bezahlten Job mit einer Vier-Tage-Woche zu bekommen. Ein Ziel für Berufseinsteiger kann die erfolgreiche Jobsuche sein. Damit sie überhaupt ins Rennen gehen können, brauchen sie einen guten Startplatz.

Wenn Sie die Schlagzeilen-Übung anspricht: Nur los, notieren Sie Ihre Überschrift: Welchen Erfolg wollen Sie in drei Jahren feiern? Auf welchem Stuhl wollen Sie sitzen? Welchen Umsatz wollen Sie erzielen? Was wollen Sie erreichen? Wofür sind Sie bereit zu investieren, sich anzustrengen? Was soll Sie berühmt, reich und glücklich machen? Erst wenn wir Sehnsüchte benennen, können wir sie in Projekte umsetzen.

Meine Schlagzeile:

_____

_____

_____

Vielleicht gehören Sie zu der Gruppe von Menschen, der diese Aufgabe Probleme bereitet. So wie einigen meiner Seminarteilnehmer. Sie sehen nur dichten Nebel über ihrer Zukunft. Und die Tinte bleibt trocken. So gut diese Übung für Menschen ist, die schon klare Vorstellungen haben, so frustrierend kann sie für diejenigen sein, die noch im Nebel stochern. Oder die sich sogar beharrlich weigern, überhaupt Ziele zu benennen. »Man weiß doch sowieso nicht, was kommt«, ist eine häufige Erklärung. Meistens stecken Enttäuschungen hinter der Resignation. Da waren mal Ziele, und alle Hoffnung, dahin zu kommen, wurde zerschlagen. Da war ein Traum, und der platzte wie eine Seifenblase. Also warum sich noch auf irgendetwas freuen, sich für irgendetwas anstrengen?

Wie Gudrun Z., zweiunddreißig, Gruppenleiterin in einer Versicherung. Sie hatte ein großes Vorbild: ihre Chefin. So einen Job wollte sie auch mal machen und so souverän darin wirken. Das Ziel war klar. Doch plötzlich wurde die Chefin abgeschossen, »ohne dass sie einen großen Fehler gemacht hatte, einfach so«, wie Gudrun Z. erzählt. Und ihre Vision zerplatzte. »Ich weiß im Augenblick überhaupt nicht, was ich jetzt anstreben soll. Ich bin total verwirrt.« Sollten Sie sich in einer solchen Übergangssituation befinden, warten Sie ab, geben Sie sich Zeit, versuchen Sie in einigen Monaten noch einmal, sich Ihrem Ziel zu nähern.

Ich wurde neulich überraschend in einem Radio-Interview gefragt: »Frau Asgodom, welche Schlagzeile möchten Sie denn selbst in drei Jahren über sich lesen?« Und ich stotterte herum: »Äh, hm, ja, also, ich habe keine Ahnung.« Seit ich das tue, was mir Spaß macht, seit ich ein Höchstmaß an Freiheit erreicht habe, bin ich völlig offen für das, was kommen wird. Ich weiß nicht, ob ich irgendwo im Aufsichtsrat sitzen werde oder in einem Unternehmen ein Diversity-Programm entwickle? Wen ich dann coachen werde, ob überhaupt? Ob ich in Afrika Unternehmer/innen schule oder in den USA Vorträge halte? Oder, oder ... ich weiß es einfach nicht. Ich halte so vieles für möglich, was ich jetzt noch gar nicht kenne.

Was ich aber auf jeden Fall weiß, ist, dass Spaß und Freiheit dabei sein müssen. Was ebenfalls sicher ist: Ich möchte mit interessanten, aktiven Menschen zusammenarbeiten, etwas bewegen, etwas Neues entwickeln. Keine Routine und kein Stillstand, keine Langeweile und keine Starrheit. Mich nicht verbiegen oder meine Meinung verbergen müssen, nicht gegen meine Werte verstoßen, nichts nur um des Geldes willen tun. Die Negativabgrenzung allein ist auch schon ein Wegweiser, lässt genügend Platz für das (noch) unvorstellbare Neue.

Bei aller Zielgerichtetheit und mutigem Voranstürmen: Es ist extrem wichtig, zwischendrin auf dem Weg innezuhalten, zu spüren, was ist gut, was gefällt nicht so sehr? Situationen auszuhalten, um Klarheit zu erlangen, gehört zum Reifungsprozess. Um dann gezielt die nächsten Schritte zu tun.

Das Drei-Millionen-Euro-Projekt

Hier eine zweite parallele Übung, die ich für diejenigen entwickelt habe, die noch suchen, unschlüssig sind, wohin die Reise gehen soll. Sie berücksichtigt, dass Visionen sehr stark mit Emotionen verbunden sind. Und sie schafft es, Ängste oder innere Bremser weitgehend auszuschalten, die dem Gehirn eine Visualisierung der Wünsche und Sehnsüchte verbieten, nach dem Motto: »Spinn doch nicht rum! Was du schon wieder willst! Was glaubst du, wer du bist ...?!«

Die zweite wunderbare Möglichkeit, unseren Wünschen auf die Spur zu kommen, ist das »Drei-Millionen-Euro-Projekt«. Stellen Sie sich vor, Sie erben drei Millionen Euro, es gibt nur eine Bedingung: Sie müssen berufstätig bleiben. Ob ganztags oder halbtags, angestellt oder selbstständig, in Deutschland oder irgendwo anders, ist völlig egal. Was würden Sie dann beruflich tun? Lassen Sie Ihrer Fantasie freien Lauf, es ist ja nur ein Spiel.

Mein Drei-Millionen-Euro-Projekt:

Das Interessante an dieser Übung ist, dass ganz viele Aber wegfallen und unser Unterbewusstsein uns ungehindert Botschaften, Bilder schicken kann. Denn es ist ja nur ein »Was wäre wenn«. Schreiben Sie Ihre Vision auf, ein schönes finanzielles Polster im Rücken, die Freiheit, das zu tun, was Sie immer schon tun wollten. Vielleicht erscheinen plötzlich Bilder vor Ihrem inneren Auge, die Sie anfangs selbst überraschen, zu denen Sie aber klar Ja sagen können.

Nach meiner Erfahrung sagt zirka ein Viertel der Menschen bei dieser Übung: »Ich würde genau das tun, was ich jetzt mache.« Selbstständige übrigens weitaus häufiger als Angestellte, ich schätze dreimal so viel! Glückwunsch, wenn Sie zu dieser Gruppe gehören: Sie machen genau das, was Sie sich wünschen. Arbeiten in Ihrem Lebenserfolg.

Ein weiteres Viertel würde gern etwas weniger arbeiten, aber im Prinzip das Gleiche fortsetzen. Sie wünschen sich lediglich eine größere Zeitsouveränität. Sind ansonsten aber zufrieden.

Das nächste Viertel würde ein Geschäft eröffnen oder das bestehende erweitern, würde noch einmal studieren, um einen anderen Beruf zu ergreifen, oder seine Fähigkeiten sonstwie vervollständigen. Diese Gruppe frage ich gern: Brauchen Sie dafür wirklich drei Millionen Euro? Oder woran hapert es vielmehr: Mut? Zuversicht? Unterstützung? Einem klaren Konzept? Die fehlende finanzielle Sicherheit ist oft nur die Ausrede dafür, den Hintern nicht hochzukriegen, für die eigene Bequemlichkeit.

Und das letzte Viertel träumt bei dieser Aufgabe davon, ein Hotel in einem warmen Land zu eröffnen, klein, aber fein. Anfangs nahm ich diese Wünsche wörtlich, dachte mir mit den Teilnehmern Strategien aus, wie sie sich diesen Traum auch ohne die fette Erbschaft erfüllen könnten. Bis mir irgendwann klar wurde, dass dieses schnuckelige Hotel unter der südlichen Sonne den allermeisten nur als Metapher dient: Kaum einer der Visionäre würde diesen Traum tatsächlich wahr machen, drei Millionen hin oder her, sondern das Bild steht für Sehnsucht nach Wärme und Gemeinschaft, Umgang mit interessanten, sympathischen Menschen, Selbstbestimmung, den Wunsch nach der kleinen Einheit, nach Ruhe und Entspannung, dem berühmten Ort, an dem man die Seele baumeln lassen kann.

Solche emotionalen Hintergründe zu erkennen ist ungeheuer hilfreich: Denn dann kann ich schauen, wie ich meine Sehnsüchte in meine reale Welt integrieren kann. Wie kann ich für mehr Wärme sorgen? Wie kann ich mehr Selbstverantwortung im Job erreichen? Gerade neulich las ich, dass Forscher herausgefunden haben, das Maß an Selbstbestimmung sei verantwortlich für unsere Gesundheit. Je mehr der Mensch selbst Entscheidungen am Arbeitsplatz treffen darf, umso gesünder ist er. Das beginne schon bei der Arbeitszeiteinteilung, und jede kleine Entscheidung mehr, die jemand treffen könne, verstärke sein Wohlergehen.

Wenn Sie zur Hotelfraktion gehören, überlegen Sie, wie ernsthaft das Projekt ist. Sie wollen tatsächlich Hotelier werden? Dann schreiben Sie Ihren Businessplan, entwickeln Sie alternative Finanzierungsmodelle. Ansonsten überlegen Sie, wie Sie, auch ohne nach Andalusien oder Kalabrien auszuwandern, mehr Sonne in Ihr Leben bringen können. Welche dunklen Wolken trüben Ihre Lebensfreude? Wie sieht das Leben aus, das Sie sich wünschen? Wovon wollen Sie mehr, wovon weniger? Je klarer Sie die Zukunft skizzieren, umso gezielter können Sie mit guter Selbst-PR etwas zur Erreichung tun.

Zu einem Projekt gehören Zwischenetappen. Wenn ich mein Ziel kenne, kann ich mit der Planung beginnen. Was ist der erste Schritt? Wie geht es dann weiter? Was brauche ich an Handwerkszeug, an Strategien, an Wissen, an Unterstützung, um mein Ziel zu verfolgen? Vom Wollen ins Handeln kommen, so beschreibt man den schwierigen Prozess der Umsetzung. Meine Erfahrung: Je konkreter ich meine Zwischenziele definiere, umso größer ist die Erfolgswahrscheinlichkeit, umso weniger überlasse ich dem Zufall. Vor allem Strategien sind der Erfolgsgarant für die Realisierung meiner Vision.

Kennen Sie den Set-Point? Dabei handelt es sich um einen Begriff aus dem Marketing. Ein Experte hat es mir einmal so erklärt: Sie haben den Set-Point erreicht, wenn Ihr Name unter den dreien ist, die Kunden einfallen, wenn sie ein bestimmtes Produkt kaufen wollen oder an eine bestimmte Dienstleistung denken. Ein praktisches Beispiel: Sie besitzen einen Jeansladen in einer Großstadt. Wenn ein Mensch in dieser Stadt eine Jeans kaufen will und ihm fällt unter anderem Ihr Geschäft ein, wo er ja mal schauen könnte, dann haben Sie den Set-Point erreicht. Das ist doch ein konkretes Ziel: Einer der drei bekanntesten Anbieter für Ihre Zielgruppe zu werden.

Die Reise in die Zukunft

Für Menschen, die gut entspannen können, möchte ich eine dritte Übung empfehlen, die Sie noch offener für die Botschaften Ihrer Seele macht: Gehen Sie auf eine »Visionsreise«. Sie können sich die folgenden Fragen, die Sie auf die Reise in Ihre Fantasie schicken, entweder auf eine Kassette sprechen und abspielen oder sich von jemandem vorlesen lassen.

Sie selbst sollten ganz entspannt, aber aufrecht sitzen, die Augen geschlossen halten. Atmen Sie ein paarmal ruhig durch, bevor Sie loslegen. Wichtig ist, dass zwischen zwei Fragen genug Zeit zum »Blick nach innen« bleibt, lassen Sie also jeweils zirka eine Minute verstreichen.

Anschließend können Sie anhand der Liste auf Seite 78 die Bilder aufschreiben, die Ihnen Ihr Unterbewusstsein geschickt hat; schreiben Sie sie einfach auf, ohne zu bewerten, zu gewichten oder die Realität dagegenzuhalten.

Und jetzt geht's los:

Stellen Sie sich vor, es ist drei Jahre später. Sie haben viel erreicht in Ihrem Leben.

◫

Es ist früher Morgen. Sie sitzen im Wohnzimmer Ihres Hauses oder Ihrer Wohnung. Schauen Sie sich dort einmal um. Welche Möbel stehen darin, welche Pflanzen, welche Bilder hängen an den Wänden, wie ist der Blick nach draußen?

◫

Die Tür öffnet sich und jemand kommt herein. Wer ist es und was besprechen Sie?

◫

Es ist Zeit, zur Arbeit zu gehen. Wie kommen Sie dorthin? Mit dem Auto, mit öffentlichen Verkehrsmitteln, zu Fuß oder mit dem Fahrrad? Machen Sie sich auf den Weg.

◫

Sie kommen an das Gebäude, in dem sich Ihre Arbeitsstelle befindet, daran befindet sich, in großen Lettern geschrieben, der Name des Unternehmens, für das Sie arbeiten. Was steht dort?

◫

Sie gehen in das Gebäude hinein und kommen an Ihre Bürotür. Daran befindet sich ein Schild mit Ihrem Namen und Ihrer Position. Was steht dort?

◘

Sie gehen in den Raum hinein, schauen Sie sich dort einmal um: Welche Möbel stehen darin, welche Geräte?

◘

Auf dem Schreibtisch liegt Post für Sie. Welche Absender tragen die Briefe?

◘

Das Telefon klingelt, Ihr Lieblingskunde oder ein Vorgesetzter ist dran. Wer ist es? Was besprechen Sie?

◘

Sie legen den Hörer auf. Die Tür öffnet sich und eine Mitarbeiterin oder ein Mitarbeiter kommt herein. Wer ist es und was besprechen Sie mit dieser Person?

◘

Der Arbeitstag ist beendet. Sie werden abgeholt. Wer holt Sie ab?

◘

Sie gehen gemeinsam aus, denn es gibt etwas zu feiern. Was feiern Sie?

◘

Es ist drei Jahre früher. Sie kommen von Ihrer Reise zurück ins Jetzt. Recken und strecken Sie sich, kommen Sie aus der tiefen Entspannung heraus. Schlagen Sie die Augen auf und schreiben Sie sogleich auf, was Sie in Ihren Visionen gesehen haben.

Meine Reise in die Zukunft

Wohnzimmer:

_____

_____

Wer kommt herein:

_____

_____

Weg zur Arbeit:

_____

_____

Schrift an Gebäude:

_____

_____

Türschild:

_____

_____

Büro:

_____

_____

Absender der Post:

_____

_____

Lieblingskunde:

_____

_____

Mitarbeiter/in:

_____

_____

Aktuelles Projekt:

_____

_____

Es holt mich ab:

_____

_____

Wir feiern:

_____

_____

Ich kann Ihnen versichern, dass in Seminaren schon die »verrücktesten« Bilder aufgetaucht sind: von Hochhäusern in Hongkong, obwohl die Visionärin noch nie in Hongkong war und ihr nicht bewusst war, dass sie dort gern arbeiten würde.

Von Büros, die in der Fantasie bis ins Detail eingerichtet waren. Sogar die Möbelmarke wurde »gesehen«. »Es war dreimal so groß wie das von meinem jetzigen Chef«, sagte ein Teilnehmer, breit grinsend. Von riesigen Leuchtschriften an Bürohäusern: »Willkommen Heidi M.!« Darüber kann meine Freundin Heidi heute noch schreien vor Lachen. Von Personen, die zur Tür hereinkommen, die einen total überraschen: »Frau Asgodom, das war nicht mein Mann, der da hereingekommen ist. Es war unser Nachbar!?« Von Kunden, die es in sich haben: »Am Telefon war Bill Gates und er bat mich um Hilfe.« Welch eine zauberhafte Vorstellung!

Die Visionärin mit dem Hongkong-Hochhaus rief mich übrigens einige Monate später an. Sie hatte sich in der Firma von Britta Steilmann, der bekannten Textilunternehmerin, beworben, und im Einstellungsgespräch kam die Sprache auf das Büro in Hongkong – »Mich hat fast der Schlag getroffen.«

Mir selbst hat eine Visionsreise zu einer neuen Wohnung verholfen. In einem Seminar war ich beim Vortragen der Fragen selbst so entspannt, dass ich gleichzeitig Bilder vor meinem inneren Auge aufsteigen sah: Ich fuhr nicht wie sonst in mein Büro, sondern ich hatte offensichtlich Büroräume in meiner Wohnung. Es war eine herrliche Altbauwohnung mit Parkett und Flügeltüren zwischen den hohen Räumen. Ich brauchte also nur über den Flur zu gehen. Dort begrüßte mich Monika Jonza, meine Office-Managerin. Wir arbeiteten ein wenig. Mittags machten wir uns in meiner Küche eine Kleinigkeit zu essen. Und abends ging ich mit Freunden feiern, dass ich meine eigene Fernsehsendung hätte.

Erst als ich brav wie die anderen meine Vision zu Papier brachte, fiel mir auf, wie lästig ich es fand, immer zu meinem Büro fahren oder ziemlich lange laufen zu müssen. Und wie ich den Kollegen Reinhardt K. Sprenger beneidete, der mich vor einiger Zeit in seinem Wohnzimmer empfing, wie alle seine Top-Kunden aus der Wirtschaft auch. Das hatte mir gefallen.

Nun, heute gehe ich nur über den Flur in mein Büro. Ich habe meine Traumwohnung gefunden, sie ist genau wie in meiner Visionsreise: Altbau, hohe Räume, Parkett, weiße Flügeltüren. Eine bezahlbare Altbauwohnung mitten in München? Als ich mich auf die Suche machte, hielten mich alle Freunde für verrückt. Doch schon nach drei Monaten konnte ich einziehen. Als ich bei der Besichtigung durch die Wohnung ging, wusste ich: Das ist die aus meiner Vision. Sie war genau so, wie ich sie gesehen hatte. Und offensichtlich strahlte ich es aus, dass dies meine Wohnung war. Ich bekam sie unter sechzig Bewerbern! (Das mit der Fernsehsendung ist noch »in der Röhre«, aber warten Sie's nur ab.)

Ich möchte Sie zum Innehalten, zum Fantasieren ermutigen. Erst wer eine Vorstellung von dem hat, was er möchte, kann darangehen, daraus ein Ziel und dann ein Projekt zu machen. Auch wenn das manchmal über einige Umwege abläuft. Wenn ich beispielsweise an meine Teenagerträume denke, merke ich, dass ich, mal abgesehen von der fehlenden Eislaufkunst, viel davon erreicht habe: Rampenlicht, Publikum, Beifall ... Schauen Sie sich doch einmal Ihre pubertären Träume an. Worum ging es darin? Was ist die Essenz? Und können Ihnen Ihre »Spinnereien« vielleicht heute als kühne Wegweiser dienen?

Definieren Sie Ihre Zielgruppe

»Wer ist Ihre Zielgruppe?«, fragte ich neulich auf einem Seminar im Kloster Benediktbeuern einen jungen Bäckermeister aus Oberbayern, der sich sehr engagiert an den vorausgegangenen Übungen beteiligt hatte. »Alle Menschen«, antwortete er, »essen müssen alle.« Die Flugblattaktion wird teuer, rechnete ich ihm vor. Die Weltbevölkerung beträgt über sechseinhalb Milliarden Menschen, und bei den Portokosten ...

Er verstand, lachte und schränkte ein, na ja, vielleicht nicht alle. Alle Deutschen? Wären immer noch achtzig Millionen. Nein. Alle Bayern (wir sind immer noch bei rund neun Millionen)? Nein. Alle Bewohner von Oberbayern? Na ja, wäre schön. Auf dem Flipchart malte ich einen Kreis in den anderen, konzentrische Kreise. Und wir konzentrierten uns langsam auf seine Zielgruppe, die zwar immer kleiner, dafür aber immer greifbarer wurde.

»Aus welchem Radius kommen Kunden zu Ihnen gefahren«, fragte ich? Er schätzte fünfundzwanzig Kilometer. So weit? Für ein paar Semmeln? Ich zweifelte. »Ja, wir machen doch auch Allergikerbrot, aus Dinkel«, erzählte er plötzlich. Ein Raunen ging durch die Gruppe. Ja dann! Plötzlich hatten wir eine parallele zweite Zielgruppe zusätzlich zu den täglichen Semmelessern: Allergiker. Eine Teilnehmerin warf ein: »Ich war selbst lange Zeit Allergikerin und ich wäre für das richtige Brot vierzig Kilometer weit gefahren.« Ein anderer ergänzte: »Noch besser wäre es, das Brot zu liefern, das wäre ein

Service.« Eine Dritte fragte sogleich: »Wo habt ihr denn euer Geschäft?« Und schon waren wir ganz nah bei einer hochinteressanten Zielgruppe für den jungen Bäckermeister, der ein Alleinstellungsmerkmal suchte.

Was lernen wir von ihm? Erstens: Oft gibt es mehr als nur eine interessante Zielgruppe, die von unseren großartigen Eigenschaften oder Angeboten erfahren sollte. Zweitens: Rede über dein Angebot und du bekommst von vielen Seiten hilfreiche Tipps und Anregungen. Drittens: Rede so oft wie möglich davon, denn du weißt nie, ob nicht jemand aus deiner Zielgruppe neben dir sitzt.

Leider haben nicht alle Menschen klare Vorstellungen von ihrem Publikum, oder haben gar das falsche im Visier. Ich erinnere mich an einen Psychologen, der zum Coaching bei mir war und ein spannendes Persönlichkeitstraining entwickelt hatte. Das bot er Unternehmen an, leider ohne viel Erfolg. Mehr recht als schlecht hielt er sich mit offenen Seminaren über Wasser. Dabei tat er doch schon viel für seine Selbst-PR: Er schrieb Fachartikel, hielt Vorträge. Wie sich herausstellte, tat er dies vor der falschen Zielgruppe: auf Psychologenkongressen und in Fachzeitschriften für Kollegen. Vor denen wollte er sich profilieren, war sehr bestrebt, dass seine Artikel »unangreifbar« waren. Doch konnten ihm die Kollegen keine Aufträge geben.

Wir definierten seine Zielgruppe neu: Menschen in Unternehmen, die Entscheidungen in Sachen Weiterbildung treffen, also ihn engagieren können, Personalleiter, Geschäftsführer, Weiterbildungsreferenten, mittelständische Unternehmer, große Seminaranbieter. Diesen Entscheidern musste er imponieren. Bei diesen anvisierten Kunden musste er Neugier auf sein Training wecken. Und diese Leute lesen andere Fachzeitschriften, gehen auf andere Kongresse oder Messen, sprechen eine andere Sprache als das Psychologen-Deutsch. Die Zielgruppe wurde neu justiert. Und plötzlich war auch die Strategie glasklar. In wenigen Stunden stand sein neues Selbst-PR-Konzept. Jetzt war er in der Welt seiner Kunden angekommen.

Es ist ganz nett, abends beim Bier den Freunden zu erzählen, was man in der Firma alles anders machen würde, wenn man nur dürfte. Es ist schön, der Oma am Wochenende zu erzählen, wie toll das Angebot ist, das man seinen Kunden bietet. Beruflich bringt Sie das aber leider kein Stück weiter. Gelungene Selbst-PR heißt, die richtigen Leute auf sich aufmerksam zu machen, also mögliche Kunden: Arbeit- oder Auftraggeber, Geschäftspartner, Klienten oder Unterstützer. Diese Definition ist die Voraussetzung dafür, später entscheiden zu können, auf welchen Bühnen und mit welchen Themen Sie sich hauptsächlich präsentieren können (über Ausnahmen reden wir später noch).

Überlegen Sie doch erst einmal für sich selbst: Wer sollte wissen, wie gut Sie sind? Hier ein paar Anhaltspunkte, je nachdem ob Sie angestellt oder freiberuflich sind, ob Sie Abnehmer für Ihre Produkte oder Dienstleistungen suchen, ob es Ihnen um interne oder externe Kunden geht.

Anlaufstellen für Angestellte

Ihre 1a-Kunden sind natürlich als Erstes die direkten Vorgesetzten. Nie war es wertvoller als heute, denen zu zeigen, dass Sie ein wichtiger Leistungsträger sind. Verlassen Sie sich nicht darauf, dass diese es schon wüssten. Die haben anderes im Kopf, als Ihnen beim Arbeiten zuzusehen. Dieser Zielgruppe können Sie Leistungsbereitschaft und -fähigkeit, Ideen und Konzepte signalisieren. Und natürlich auch, dass Sie sich zu mehr Verantwortung und höheren Aufgaben berufen fühlen.

Wie Sie das im Einzelnen geschickt machen, darauf kommen wir später.

Wenn Sie im Unternehmen weiterkommen wollen, empfiehlt sich zusätzlich dazu ein »Rösselsprung«, ähnlich wie der Zug mit dem Pferd im Schachspiel, einen Sprung nach oben, schräg zur Seite. Denn nicht immer unterstützt der eigene Chef/die eigene Chefin das Streben nach oben. Das kann verschiedene Gründe haben: Vielleicht möchten Ihre Vorgesetzten nicht auf Sie verzichten, wer verliert schon gern ein wichtiges Mitglied im Team? Oder vielleicht macht ihm/ihr Ihr Karrierewille Angst, er oder sie fürchtet die Konkurrenz und möchte Sie lieber ein bisschen klein halten. Dann müssen Sie Ihren Wirkungskreis ausweiten! Überlegen Sie: Wer im Unternehmen könnte mir die Chance verschaffen, die ich anstrebe? Meist sitzen diese Personen eine oder gar mehrere Etagen höher. Wie Sie die nötigen Kontakte und Beziehungen herstellen, darauf kommen wir ebenfalls später.

»Think big!« heißt die Devise. Warum sich aufs eigene Unternehmen beschränken? Auch andere Arbeitgeber bieten schöne Stellen. Erweitern Sie Ihre Zielgruppe auf attraktive Unternehmen in Ihrer Stadt, in der gesamten Branche. Stellen Sie doch einmal eine Liste Ihrer Traumunternehmen zusammen, für die Sie gern arbeiten würden. Die gehören ab sofort zu Ihrer Zielgruppe. Bühnen dafür werden wir später suchen.

Freie Fahrt für Freiberufler

Für niemand anderen ist Selbst-PR so wichtig wie für Sie! Denn Sie selbst sind schließlich Ihr Produkt – mit Ihrem Wissen, Ihren Fertigkeiten, Ihrer Erfahrung, Ihren Lösungen. Deshalb muss man Sie erleben, von Ihnen hören. Wenn Ihre Nase regelmäßig im Fernsehen und auf Kongressen, wenn Ihr

Name häufig in Programmen und in Fachzeitschriften auftaucht, steigt Ihr Umsatz. So einfach ist das. Umso wichtiger ist es für Sie, Ihre Zielgruppe sehr genau zu analysieren.

Wer braucht das, was Sie können? Wer sind Ihre »Traumkunden«, von wem möchten Sie mehr Aufträge? Je klarer Sie diese Gruppe definieren können, umso einfacher werden Ihre weiteren strategischen Schritte. Es macht schließlich wenig Sinn, vor Friseuren zu referieren, wenn Sie Computerhersteller als Zielgruppe haben. Oder bei »Vera am Mittag« in der Talkshow zu sitzen (neben fixenden Bettnässern und übergewichtigen Rabenmüttern), wenn Ihr Zielgruppe am liebsten die Übertragung von Golfturnieren sieht.

Klopfen Sie Ihre jetzige Kundenliste daraufhin ab, welche Geschäftspartner besonders attraktiv für Ihren Umsatz (und für Ihre Zufriedenheit) sind. Sie kennen vielleicht das Pareto- oder 80/20-Prinzip: Es besagt unter anderem, dass die meisten Unternehmen mit zwanzig Prozent ihrer Kunden achtzig Prozent ihres Umsatzes machen (übrigens auch mit zwanzig Prozent der Kunden achtzig Prozent des Ärgers haben). Wenden Sie dieses Prinzip auf Ihre Kundenliste an: Auf welche Gruppe können Sie gern verzichten, wenn Sie von einer anderen mehr hätten?

Ich empfehle Freiberuflern, auf eine gute Mischkalkulation zu achten: Die einen bringen richtig viel Geld, die anderen ein Höchstmaß an Spaß oder Renommee, die einen sind interessant für langfristige Projekte, die anderen schaffen gute neue Kontakte. Bei manchen muss man anfangs Zeit oder einen günstigeren Honorarsatz investieren, und manchmal lohnt es sich sogar, um bekannt zu werden, umsonst aufzutreten. Das gilt beispielsweise für Trainer/innen. Mehr dazu in dem Kapitel, in dem es um Bühnen geht.

Wenn Sie bisher sehr auf eine Branche fixiert waren, überlegen Sie, ob es benachbarte Branchen gibt, die ebenfalls von Ihrem Angebot profitieren könnten. Welche Lösungen lassen sich übersetzen? Könnten Sie Varianten entwickeln, die neue Zielgruppen erschließen?

Ein Beispiel: Gabi R., vierundvierzig, erfahrene Heilpraktikerin und Physiotherapeutin, gab neben ihrer Praxis schon lange Kurse in Volkshochschulen oder Gesundheitshäusern. Gemeinsam entwickelten wir ein Konzept für Gesundheitsberatung und -seminare für Unternehmen. Das Thema ist hochaktuell. Immer mehr Firmen sind bereit (oder gezwungen), etwas für die Gesundheitsvorsorge ihrer Mitarbeiter zu tun. Wir mussten nur ihr Wissen und ihre Praxiserfahrung in Businesssprache »übersetzen«. Gabi R. entwickelte ein entsprechendes Angebotskonzept, ließ einen superschönen Flyer drucken und begann damit ihre Akquise.

Über dem Schielen nach neuen Kunden sollten wir die nicht vergessen, mit denen wir seit langem gut zusammenarbeiten. Denken Sie bei der Zielgruppenbestimmung auch an Ihre Stammkunden: Mit wem könnten Sie noch mehr Umsatz machen, wo sind noch mehr Termine drin? Wen wollen Sie an sich erinnern, wem wieder einmal Ihre Großartigkeit zeigen? Wer kann Sie empfehlen? Stammkunden freuen sich sehr, wenn sie stolz auf ihre Geschäftspartner sein können. Wenn Sie wissen, wen Sie erreichen wollen, können Sie überlegen, auf welchen Bühnen Sie ihnen begegnen können.

Superkunden für Selbstständige

Ob wir ein Geschäft für Designerklamotten oder alte Lokomotiven besitzen, ob wir Platinschmuck herstellen oder Schokoladennikoläuse, ohne Kunden sind wir nichts. Deshalb ist es wichtig, sich anzuschauen, ob wir unsere Kunden mögen, wie wir von ihnen denken, sprechen. Um unsere Kunden wirklich zu erreichen, braucht es ein hohes Maß an Wertschätzung ihnen gegenüber. Dies gilt vor allem für kleine und mittelständische Betriebe. Unternehmen, die ihre Kunden verachten, strahlen das aus und der Erfolg hält sich in Grenzen. Doch wenn Unternehmen ihre Kunden mögen, kommt es tausendfach zurück.

Mir fällt dazu Dedon ein, Hersteller der sinnlichsten Gartenmöbel, die ich je gesehen habe. Bobby Dekeyser, der Gründer und Inhaber, ein Wahnsinniger im besten Sinn, hat es geschafft, innerhalb weniger Jahre die besten Käufer für seine Möbel zu finden, weil er seinen eigenen hohen Anspruch an Ästhetik auch seinen Kunden zutraut. Sein Internetauftritt und seine Kataloge sind Sinnlichkeit pur, mit hohem Aufwand und unglaublichem Engagement produziert, strahlen sie Wertschätzung aus. Seine exotischen Ausstellerpartys auf der Kölner Möbelmesse sind legendär. Und seine Mitarbeiter tragen die Begeisterung mit.

Wenn Sie selbstständig sind und Mitarbeiter beschäftigen, kann das Thema Zielgruppen Sie vielleicht dazu animieren, einmal nachzuforschen, was für ein Kundenbild in Ihrem Unternehmen, bei Ihren Kollegen herrscht. Ob die Ihre Kunden mögen oder gern ganz andere hätten? Oder ob eine Zielgruppenverschiebung Ihrem Unternehmen vielleicht sogar ganz gut tun würde? Setzen Sie sich doch einmal mit Ihren Mitarbeitern zusammen und lassen Sie sich von den Kunden erzählen. Wer überwiegt: der nette oder der doofe Kunde? Und analysieren Sie: Auf welcher Seite liegt die fehlende Sympathie? Und was kann man für ein besseres Beziehungsmanagement tun? Sollten sich Kunden und Mitarbeiter besser kennen lernen, hilft vielleicht ein gemeinsamer Event? Manchmal ist es nützlich, die Mitarbeitern daran zu erinnern, dass ihre Gehälter zu hundert Prozent von den Kunden gezahlt werden, nicht aus der Privatschatulle des Chefs, der Chefin. Dass das Firmenkonto nur ein »Durchlaufkonto« ist, die Bank nur eine Zwischenstation für die Kundengelder. Das lenkt den Fokus auf die wichtigsten Personen, mit denen man zu tun hat, steigert die Aufmerksamkeit gegenüber den eigentlichen »Arbeit-Gebern«.

Manchmal liegt eine Zielgruppenstörung aber auch an den Kunden: Eine PR-Agentur, die ich einmal gecoacht hatte, litt unter mehreren Kunden aus der IT-Branche, einigen New-Economy-Firmen, die mit viel Venture-Capital ausgestattet an die Börse drängten. Die Zusammenarbeit klappte nicht, zugesagte Informationen über die Produkte kamen nicht, die Mitarbeiter wurden bei Nachfragen rüde behandelt und waren total frustriert. Denn wie sollte man ohne Inhalte die Presse dazu bringen, über das Unternehmen zu schreiben? Und: no clippings, no success.

Nach einem Teamcoaching, in dem die desolate Stimmung deutlich wurde, und intensiven Diskussionen entschlossen sich die Agenturchefinnen dazu, sich von den unkooperativen Kunden zu trennen. Natürlich ging dadurch zunächst Umsatz verloren, aber die Motivation der Mitarbeiter stieg schlagartig. Durch die frei gewordenen Kapazitäten und eine Aufbruchstimmung fand die Agentur bald gute Ersatzaufträge aus verschiedenen Branchen. (Dass von den Ex-Kunden heute nichts mehr zu hören ist, gab den Entscheidern nachträglich Recht.)

Bei den weiteren Schritten zur guten Selbst-PR werden Sie merken, wie wichtig es ist, dass Sie die »richtigen« Kunden ansprechen und nicht »falsche« anlocken. Dass Sie Ihre Zielgruppe genau definieren und fixieren. Schon die Art Ihrer Ansprache wird mit entscheiden, wen Sie erreichen. Auf welcher »Bühne« Sie auftreten, wird über Ihr Publikum entscheiden, wie Sie Themen ansprechen, über die Resonanz.

Machen Sie den Zielgruppen-Check: Haben Sie jetzt schon die richtigen Kunden? Wie können Sie diese definieren? Welche hätten Sie lieber? Um welche wollen Sie sich bemühen? (Und bekennen Sie sich: Welche sind Ihnen weniger lieb?)

Mein Zielgruppen-Check

Die Zielgruppen habe ich:

_____

_____

_____

_____

_____

Die hätte ich gern:

_____

_____

_____

_____

_____

Um die werde ich mich bemühen:

_____

_____

_____

_____

_____

Die umwerfende Unterstützer-Strategie

Es gibt aber noch eine andere Zielgruppe, um die wir uns kümmern sollten: Verbündete aller Art. Wir können noch so gut sein, das heißt nicht, dass wir nicht noch Unterstützung gebrauchen könnten. Schaffen Sie sich ein gutes Netzwerk, also Menschen, die Sie darin unterstützen, Ihre Ziele zu erreichen: ehrliche Berater, vertrauensvolle Freunde, Türöffner und Mentoren. »Nickheinis« oder »beste Freundinnen«, die immer nur Lob flöten, meine ich damit nicht. Auch nicht mitfühlende Kreaturen, die Sie darin unterstützen, dass grundsätzlich die anderen schuld sind, wenn etwas schief läuft. Diese Menschen helfen Ihnen nicht, sich weiterzuentwickeln, sondern wollen sie »unten« bei sich festhalten, im Sumpf der eigenen Machtlosigkeit. Sie kennen vielleicht den Spruch: Wer jammert, ist nie allein.

Wozu wir wohlmeinende, aber ehrliche Verbündete brauchen? Sie können uns ein verlässlicher Spiegel sein, in dem wir unsere eigenen Verhaltensweisen kritisch gespiegelt bekommen. Sie können uns Feedback geben, wie unsere Ideen, Pläne und Strategien ankommen. Sie können uns mit ihrer Erfahrung ermutigen oder warnen. Und sie können uns mit ganz praktischen Tipps helfen, uns besser darzustellen. Dazu ein kleines Beispiel:

Vor vielen Jahren führte ich ein Interview mit einer frisch gekürten Ministerin im damaligen Regierungssitz Bonn. Ich war von ihren Aussagen stark beeindruckt, mochte ihre unkomplizierte Art zu sprechen. Und doch musste ich sie die ganze Zeit anstarren: Sie hatte sich so geschminkt, dass das viel zu braune Make-up wie eine Maske auf ihrem Gesicht lag – und diese Maske endete am Kinn. Ich erinnere mich genau, dass ich damals dachte: Warum sagt ihr das keine ihrer

Mitarbeiterinnen? Warum lassen sie diese Frau so rumlaufen? Natürlich hatte der Schminkflop nichts mit ihrer Qualität als Ministerin zu tun. Und trotzdem fragte ich mich, wie sie wohl als Chefin ist, sodass sich keiner traut, sie auf Fehler hinzuweisen.

Das zweite Beispiel: eine Tagung mit Top-Managerinnen in Wien. Einer der Referenten ist eine Führungskraft aus der österreichischen Wirtschaft. Während seines halbstündigen Vortrags wippt er permanent hin und her, vergräbt erst die eine Hand in die Hosentasche, dann auch noch die andere. Seine Augen sind starr auf sein Manuskript geheftet. Der Inhalt seiner Rede geht völlig durch seine defensive Körpersprache unter. Und ich fragte mich: Warum sagt diesem ansonsten ja wohl erfolgreichen Mann niemand, dass er dringend an seiner Redetechnik arbeiten sollte?

Doch nicht nur über unser Auftreten brauchen wir ehrliches Feedback, sondern auch für unsere Selbst-PR-Pläne. Es ist wahnsinnig schwer, das weiß ich aus eigener Erfahrung, allein für sich selbst ein Konzept zu erstellen. Da ist es gut, ein Gegenüber zu haben, das Fragen stellt und Hinweise gibt, das auf Schwachstellen aufmerksam macht und Chancen aufzeigt. Das sich anhört, was wir uns ausgedacht haben, und uns ermutigt, wenn wir nicht mehr weiter wissen.

Und es ist so unglaublich hilfreich, Menschen zu kennen, die uns Türen öffnen und Kontakte vermitteln können. Ich weiß, dass es vielen schwer fällt, Hilfe in Anspruch zu nehmen. Das ist ehrenvoll, aber unklug! Wir können eine ganze Menge Energie sparen, wenn der Weg ein bisschen leichter wird. Wir brauchen uns nicht gegen Türen stemmen, die uns jemand aufhält. Wenn es Sie beruhigt: Durchgehen müssen wir selbst. Also: Protektion allein hat noch niemandem auf Dauer zum Erfolg verholfen, wenn das Angebot nicht stimmt.

Und auch das kann Ihnen vielleicht Zweifel nehmen: Sie fragen erwachsene Menschen, die selbstbewusst genug sind, nein zu sagen. Also reden Sie sich nicht ein, dass die es sicher furchtbar lästig finden könnten, wenn Sie fragen. Allerdings müssen Sie einkalkulieren, dass jemand tatsächlich nein sagt.

Deshalb sollte sich ein Teil Ihrer Zielgruppenüberlegungen damit beschäftigen zu überlegen, wer Ihnen helfen kann, Ihre Großartigkeit zu beweisen: Wer kennt wen wo? Wer kann Ihnen Einladungen verschaffen, wer kann Sie wo empfehlen? Ein gutes Beziehungsmanagement, ein geschicktes Empfehlungsmanagement, ist eine wichtige Grundlage des Erfolgs.

Mein Unterstützer-Netzwerk

Wen kenne ich, den ich um Rat fragen könnte?

_____

_____

_____

_____

Wen kenne ich, der wiederum jemanden aus meiner Zielgruppe kennt und mich empfehlen könnte?

_____

_____

_____

_____

Wen kenne ich, der mir Bühnen vermitteln könnte?

_____

_____

_____

_____

Wen könnte ich fragen, ob er mein Mentor werden möchte?

_____

_____

_____

Bei dem Bemühen, mir einen Namen als Managementtrainerin zu machen, haben mir viele Leute geholfen. Sie haben mich empfohlen oder die Türen zu interessanten Projekten geöffnet. Zum Beispiel Hermann Scherer, einer der großen Namen in der Trainingsszene. Er hatte kurz nach der Gründung von ASGODOM LIVE durch einen Mitarbeiter von mir gehört. Wir trafen uns, verstanden uns, mochten uns, beschlossen gemeinsame Projekte. Damals bereitete er als Herausgeber ein Buch vor: »Zukunftsmanagement«. Lauter berühmte Kollegen, alte Recken, waren schon auf seiner Autorenliste: Vera Birkenbihl, Lothar Seiwert, Ulrich Strunz, Nikolaus B. Enkelmann, Brian Tracy ... Und er fragte mich, ob ich nicht ein Kapitel über Selbst-PR schreiben wollte. Natürlich sagte ich zu. Es war ein gutes Renommee, zwischen all den Namen zu stehen. Und ich erhielt darüber hinaus einige sehr positive Rezensionen in der Tagespresse, in der mein Beitrag als besonders erfrischend herausgehoben wurde.

Ein Jahr später folgte ein zweiter Sammelband: »Von den Besten profitieren«, wieder eine Auswahl der bekanntesten Erfolgstrainer Deutschlands, unter anderem Jörg Löhr, Andreas Bornhäußer und Erich-Norbert Detroy. Daraus entstand erst eine Seminarreihe, dann eine Vortragsreihe mit der *Süddeutschen Zeitung* unter dem Motto »Von den Besten lernen«.

Jetzt bereitet Hermann Scherer die nächste Reihe, »Best of Best«, vor (zwischendurch hat er mal eben Bill Clinton zu einem Kongress nach Deutschland geholt), und ich bin wieder dabei. Ich bin nicht zu eitel, um zuzugeben, dass mir diese Promotion sehr geholfen hat, in großen Unternehmen Fuß zu fassen, Aufträge zu bekommen. Viele Entscheider achten auf solche »Best of«-Publikationen auf der Suche nach Spitzenreferenten und legen bei der Auftragsvergabe Wert auf solche Referenzen.

Nicht nur Männer können tolle Unterstützer sein, auch Frauen. Eine zweite sehr interessante Auftragsschiene hat mir Heidi Mathias vom Gabler Verlag in Wiesbaden eröffnet. Sie lud mich vor vielen Jahren als Referentin auf ihre Sekretariatskongresse ein, da war ich noch hauptberuflich *Cosmo*-Redakteurin und in der Szene so gut wie unbekannt. Sie hatte ein Buch von mir gelesen und glaubte an mich. Jedes Jahr trat ich daraufhin auf den drei Sekretariatskongressen von Gabler in München, Wiesbaden und Salzburg sowie auf Fachtagen und Messen auf und lernte dadurch Tausende von Sekretärinnen kennen, beziehungsweise sie mich. Noch heute profitiere ich von diesen Kontakten. Schon öfter begrüßte mich ein Vorstand oder Geschäftsführer vor einem Vortrag mit den Worten: »Dass ich Sie eingeladen habe, verdanken Sie vor allem Frau X., Sie hat gesagt, die müssen Sie holen.«

Heidi Mathias war es dann auch, die mich beim Relaunch einer Sekretariatszeitung als Herausgeberin vorschlug. Drei Jahre lang beriet ich *Working@Office* bei ihrem Neustart. Heute schreibe ich dort noch eine regelmäßige Kolumne. Die Zielgruppe Sekretärinnen sollte man niemals unterschätzen. Sie gelten zwar nicht als eigentliche »Entscheiderinnen«, aber sie sind, das weiß ich heute, Vorbereiterinnen, Ideengeberinnen, Beraterinnen, Vorentscheiderinnen, Rechercheurinnen, Organisatorinnen und Coaches ihrer Vorgesetzten. Der Weg in ein Unternehmen führt häufig über das Vorzimmer der Macht.

Zeigen Sie Kompetenz

Sie wissen, wer Sie sind und was Sie können. Sie haben Ihre Ziele anvisiert und Ihre Zielgruppe definiert. Jetzt geht es um die nächste Stufe der Umsetzung. Kommunikation – und Selbst-PR ist vor allem Kommunikation – braucht Inhalte, sprich Themen. Warum sollte Ihnen jemand zuhören, warum von Ihnen lesen wollen? Kompetenz beweisen wir nicht, indem wir uns ständig selbst hochleben lassen – »Ich bin der Größte« –, sondern indem wir über kluge Dinge sprechen beziehungsweise über Dinge klug sprechen. Und jeder von Ihnen hat mindestens fünf Themen, über die er reden oder schreiben könnte, davon bin ich überzeugt. Überlegen Sie einmal: Worin kennen Sie sich gut aus?

Vor kurzem habe ich eine Gruppe junger Ingenieurinnen, Physikerinnen, Mathematikerinnen trainiert, alle erfolgreich in einem großen Unternehmen angestellt, alle engagiert. Dennoch brauchten wir fast einen Tag, bis die Teilnehmerinnen ohne zu stocken sagen konnten, wofür sie Expertin sind. Vorher kamen ganz viele Aber: Aber ich bin doch noch so jung. Aber es gibt so viele andere, die wissen noch mehr als ich. Aber ich weiß ja längst noch nicht alles. Aber ich kann ja eigentlich noch gar nichts. Aber ich habe vor diesem Wort viel zu viel Respekt. Aber ich habe das doch noch gar nicht bewiesen ...
    Es kostete mich einige Mühe, die Teilnehmerinnen davon zu überzeugen, dass kein Experte der Welt alles über sein Sach-

thema weiß und dass dies in den Zeiten der rasenden Kommunikation und des täglichen Neuwissens auch nie mehr der Fall sein wird. Ein Experte weiß allerdings mehr über ein Sachgebiet als die meisten anderen Menschen – mit dieser Formulierung konnten sie etwas anfangen. Und dann weckte ich Ihren Ehrgeiz mit der provokanten Frage, wofür sie denn in ihrem Unternehmen bezahlt würden, wenn sie sich auf ihrem Gebiet nicht auskennen würden? Na ja, ihr Handwerk beherrschen würden sie schon, wehrten sie sich. Bevor das nächste Aber kam, ließ ich sie aufschreiben, welches Handwerk sie beherrschen.

Als sie ihre tausend Aber endlich überwunden hatten, konnte jede tatsächlich sehr klar und überzeugend sagen, wofür sie Expertin ist. Expertin für Hohlraumstrukturen, Expertin für Sicherheitstechnik, Expertin für ... Es war ein herzerfrischender Moment, als diese jungen, talentierten Frauen mit strahlenden Augen sich selbst als Expertinnen vorstellten.

Worin sind Sie Experte/Expertin?

Also, nun zu Ihnen, worin sind Sie Experte? Über welche Themen aus Ihrem Fachgebiet könnten Sie sprechen oder schreiben? Worin kennen Sie sich aus? Womit haben Sie täglich zu tun? Welches Handwerk beherrschen Sie? Schreiben Sie doch einmal fünf Themen auf, zu denen Sie sich äußern könnten. Sie erinnern sich: Selbst-PR ist wie Fitness, die wiederholten kleinen Schritte bringen den Erfolg, nicht der einmalige Auftritt.

Also, jetzt können Sie notieren: Was wissen Sie – über Ihre Arbeit, über Abläufe, über Prozesse, über Ihre Kunden, über Ihre Branche, über Trends, über Verhaltensweisen, über Probleme, über Lösungen, über Erfahrungen, über mögliche Verbesserungen? Wenn Ihnen fünf ganz leicht fallen, erhöhen Sie ruhig auf zehn, oder noch besser auf zwölf (Sie werden bald wissen, warum gerade zwölf).

Meine Kompetenzthemen

1. _____

2. _____

3. _____

4. _____

5. _____

----

6. _____

7. _____

8. _____

9. _____

10. _____

----

11. _____

12. _____

Helfen Sie sich dabei, indem Sie Detailthemen aufschreiben. Wenn Sie beispielsweise in Ihrer Abteilung für das Reisekostenbudget verantwortlich sind, schreiben Sie nicht nur: Reisekostenabrechnungen. Schreiben Sie lieber: steuerliche Vorschriften, Auslandspauschalen, Kilometergeld, Erleichterung durch Formulare, intelligente Intranetnutzung, Abrechnungs-ABC, Anrechnung von ...

Diese Detailfreude ist die Grundlage jeder Ratgeberzeitschrift. Es wäre töricht, eine Geschichte zu machen »Alles über ...«, dann wäre das Thema für Monate »verbraucht«. Aber wenn ich die Details ausführlich beschreibe, kann ich jeden Monat etwas zu diesem Thema schreiben.

Lassen Sie mich das am Beispiel Bewerbungen aufzeigen. Ganz leicht komme ich da auf zehn Einzelthemen (okay, ich habe das als Journalistin gelernt und viele Jahre geübt):

1. Bewerben auf Stellenanzeigen in Zeitungen
2. Bewerben auf Internetanzeigen
3. Initiativbewerbungen
4. Bewerbungsmappe
5. Bewerbungsschreiben
6. Rekrutierungsmessen
7. Bewerbungsgespräche
8. Outfit für die Bewerbung
9. Bewerbungstrainings
10. Assessment-Center

Allein damit hätte ich eine Artikelreihe, die ich beispielsweise als Bewerbungstrainer/in einer Fachzeitschrift, einer Tageszeitung oder einer Publikumszeitschrift anbieten kann. Oder die ich in meinem eigenen Newsletter regelmäßig publiziere. Was nützte mir das? Ich könnte mich als der Bewerbungsexperte in Deutschland/meiner Stadt/meiner Region/meiner

Branche/meiner Berufssparte etc. positionieren. Wer mehrmals meinen Namen zum selben Spezialthema liest, merkt sich vielleicht den Zusammenhang. Und ich habe die Chance, dass mein Name und das Thema zur Einheit wird, ich kreiere damit meinen USP.

Themen schaffen Interesse

Mir passiert es öfter, dass mich jemand nach einem Auftritt anspricht. Nicht selten verläuft das Gespräch dann in etwa so:
»Ich habe Sie vor kurzem mal im Fernsehen gesehen.«
Ich frage begeistert nach: »Oh, in welcher Sendung?«
»Das weiß ich nicht mehr genau.«
»In welchem Sender?«
»Hm ... Weiß ich nicht mehr, ich habe so zufällig hineingezappt.«
»Um welches Thema ging es?«
»Äh ... Erfolg?«
Ein schöner Zusammenhang, ist mir recht, wenn dieses Wort hängen bleibt.

Hier ein Beispiel für eine gelungene Themenauswahl als Angestellte/r: Wenn in meinem Unternehmen die Organisation erfolgreicher Feste mit meinem Namen in Verbindung gebracht wird (nicht nur weil ich sie alle organisiert habe, sondern weil ich auch häufiger dazu etwas in der Mitarbeiterzeitschrift oder im Intranet veröffentlich habe), ist die Chance groß, dass ich bei der Einrichtung einer Stelle als Event-Managerin wenigstens im Gespräch bin.

Ich kann mir also mit einer guten Themenauswahl und dem Anbieten derselben einen Namen machen. Ich kann über Themen zeigen, was ich auf der Pfanne habe, kann auf Erfahrungen, Erfolge, Fähigkeiten und Konzepte hinweisen. Und das auf eine sehr viel charmantere Art, als wenn ich mich vor das Vorstandsbüro stelle und laut brülle: »Ich bin der Größte!« Welch peinliche Vorstellung. Da bekomme ich gleich Gänsehaut. Nein, die anderen müssen es »merken«, sie müssen mit der Nase darauf gestoßen werden. Und wenn in ihrem Kopf der Gedanke entsteht: Der Mensch scheint ja einiges draufzuhaben, den sollten wir uns mal näher anschauen, dann habe ich gute Selbst-PR gemacht.

Hier noch einmal als Anregung für Sie einige Auszüge aus Themenlisten, die Teilnehmer/innen meiner Seminare erstellt haben. Sie werden das Prinzip der Detaillierung daran gut erkennen.

Die Liste einer Innenarchitektin:
- Die Farben des nächsten Sommers
- Die größten Fehler bei der Raumgestaltung
- Das Geheimnis der Gemütlichkeit
- Die richtige Stoffauswahl
- Lichtgestaltung
- Fensterdekorationen
- Das Esszimmer
- Das Wohnzimmer
- Das Schlafzimmer
- Die Bibliothek (das könnte endlos so weiter gehen) ...

Die Liste eines Facharztes:
- Verletzungen des Sprunggelenks
- Muskeltraining als Vorsorge
- Sportunfälle und wie man sie vermeiden kann
- Kniegelenksprobleme
- Wachstumsschmerzen
- Hohe Absätze und ihre Folgen ...

Die Liste einer Chefsekretärin:
- Kommunikationsprobleme in großen Abteilungen
- Abwesenheitsvertretung
- Einbindung von Telearbeitern
- Die gelungene Terminplanung
- Ablagenmanagement im PC
- E-Mail-Knigge
- Umsetzung der CI (Corporate Identity) ...

Die Liste der Inhaber eines Büroservice:
- Leistungsgebundene Abrechnung
- Postfachservice
- Rufumleitung
- Sekretariatsservice
- Büro auf Zeit
- Businesscenter: vom Boom zum Bewährten
- Internetgesteuerte Zusammenarbeit
- Mitarbeiterüberlassung
- Bürounterstützung für Selbstständige ...

Sie sehen, diese Methode gilt für alle Branchen, alle Berufe. Und sie dient übrigens nicht nur dazu, eine Liste zu füllen, sondern auch dazu, sich dadurch noch einmal die eigene Wertigkeit bewusst zu machen.

Gisela M., vierunddreißig, ist Diplom-Kauffrau und Leiterin der kaufmännischen Verwaltung eines großen Ingenieurbüros in Hamburg. Sie hat Probleme mit einigen älteren Ingenieuren, denen sie wegen mangelhafter oder fehlender Rechnungstellung immer wieder auf die Füße treten muss. Der tägliche Kleinkrieg zermürbt sie, und sie ist nahe dran, den Bettel hinzuschmeißen, als sie zu mir kommt.

Mir fällt auf, dass sie immer von »den Akademikern« spricht, vor denen sie sich klein und dumm vorkommt und von denen sie oft ausgesprochen unverschämt angeredet wird. Während des zweitägigen Coachings macht sie eine enorme Wandlung durch. Sitzt sie anfangs noch wie eine graue Maus am Tisch, mit leiser Stimme und verschlossenem Gesicht, zeigt sich im Lauf der zwei Tage eine erstaunliche Wandlung: Sie hat genaue Vorstellungen darüber, was in der Zusammenarbeit zwischen Ingenieuren und Buchhaltung falsch läuft. Sie weiß auch, wie sie die meisten Konflikte durch einige neue Regeln aus der Welt schaffen könnte. Sie sieht nämlich durchaus die Schwierigkeiten, in denen die Ingenieure stecken. Als ich sie bitte, all diese Themen einmal aufzuschreiben, tut sie das ohne zu zögern: klasse Ideen, klare Analysen und konkrete Lösungsmöglichkeiten listet sie Punkt für Punkt auf. Und plötzlich verstehe ich, warum ihr Chef sie vor zwei Jahren in die Leitungsfunktion berufen hat. Genau diesen Scharfsinn und ihre praktische Begabung hat er erkannt und darauf gesetzt.

Nur hat ihr niemand geholfen, die Führungsfunktion wahrzunehmen. Sie war so mit dem täglichen Kleinkram beschäftigt, dass ihr die Zeit und die Kraft für große Ideen und Umsetzungsvorschläge fehlten. Sie nahm sich vor, mehr Arbeit an Mitarbeiter zu delegieren, um mehr Freiraum für vorausschauende Planung und die Umsetzung neuer Ideen zu bekommen. Mit ihrer Themenliste fuhr Gisela M. zurück in ihr Unternehmen und setzte Punkt für Punkt erfolgreich durch – wenn auch manchmal gegen Widerstand.

PR-Planung: Vom Drehbuch zur Performance

Und jetzt zum Geheimnis der zwölf Themen: Sie sind besonders für Freiberufler und Selbstständige interessant. Wenn Sie die Liste auf Seite 101 ausgefüllt haben, haben Sie automatisch die Grundlage für ein einjähriges PR-Programm. Sie können also jeden Monat mit einem neuen Thema in Erscheinung treten. Sie könnten jeden Monat etwas zu Ihrem Spezialgebiet schreiben, sich dazu interviewen lassen oder ein Referat halten. Ohne sich ein Jahr lang zu wiederholen. Wir denken oft, es ist so wahnsinnig schwierig, öffentliche Aufmerksamkeit zu bekommen. Das stimmt, wenn wir als Vorgabe lediglich unseren Wunsch haben, berühmt oder beachtet zu werden. Doch wenn wir Themen bieten können, ist die Chance sehr groß, dass wir Beachtung finden.

Gute Themen sind überall gefragt: auf Kongressen, auf Messen, bei Netzwerks- und Verbandsabenden, in Zeitungen und Zeitschriften. Zu den einzelnen Bühnen kommen wir im nächsten Kapitel. Aber Grundvoraussetzung ist eben das Thema. Dabei spielt es natürlich auch eine Rolle, wie ich es anbiete: ob dröge und sterbenslangweilig oder mit einem aktuellen Ansatz, dem gewissen »Kick«.

Gute Pressearbeit beispielsweise steht und fällt mit der richtigen »Verkaufe«. Dazu gehört, einen Positionswechsel weg vom eigenen Interesse hin zur Position des Kunden zu vollziehen: Warum sollten sie etwas über mich lesen, hören oder sehen wollen? Sie müssen wissen: Journalist/innen bekommen täglich eine Flut von Nachrichtenangeboten, aus denen sie die passenden für ihr Medium auswählen müssen. Das bedeutet: Mehr als neunzig Prozent des Nachrichtenmaterials landet im (virtuellen) Papierkorb. Ihre Themen müssen also so spannend sein, dass sie mit dem anderen »Stoff« konkurrieren können. Wie schaffen Sie das?

An erster Stelle steht Aktualität. »Nichts ist so alt wie die Zeitung von gestern« heißt es nicht nur bei Journalisten. Dann brauchen Sie einen »Aufhänger«. Warum sollten die Leser/innen, Zuschauer/innen, User Interesse an dem haben, was Sie bieten? In Bayern heißt es: »Das interessiert mich so, wie wenn in Peking ein Sack Reis umfällt.« Wenn Ihr Thema diesen Nachrichtenwert hat, sparen Sie sich die Mühe.

Denken Sie erneut nach: Welchen »Benefit«, also welchen Nutzen haben Menschen von dem, was ich anbiete? (Und wenn es nur der Unterhaltung des Publikums dient.) Nachrichten sind das, was es wert ist, gedruckt zu werden, heißt eine alte Definition. Also, was hat die Menschheit von Ihrem Thema?

Sie wissen nicht, welcher Kommunikationstyp Sie sind? Ob Sie Ihre Themen besser schriftlich anbieten beziehungsweise umsetzen, besser mündlich, am Telefon oder gar im persönlichen Auftritt? Dann machen Sie doch folgenden kleinen Test. (Wenn die Antworten nicht ganz genau Ihre Vorlieben treffen, wählen Sie einfach die nächstliegende). Kreuzen Sie bitte jeweils nur eine Antwort an.

Test: Welcher Kommunikationstyp sind Sie?

1. *Sie werden im Rahmen eines Assessment-Centers, also eines beruflichen Auswahlverfahrens, gebeten, eine Probe Ihres Schreibtalents vorzuführen. Was suchen Sie sich aus?*

- ☐ B   Einen Lebenslauf
- ☐ C   Ein Kurzdrehbuch für einen Film
- ☐ A   Ein Gesprächsprotokoll

2. *Was haben (oder hätten) Sie in der Schule am liebsten getan?*

- ☐ C   In der Theatergruppe mitgespielt
- ☐ B   Sich als Klassensprecher für Ihre Mitschüler eingesetzt
- ☐ A   Bei der Schülerzeitung mitgearbeitet

3. *Sie sind zu einer Hochzeit eingeladen und möchten einige Anekdoten aus dem Leben des Brautpaars zum Besten geben. Wie tun Sie das?*

- ☐ A   Ich halte eine launige Rede
- ☐ C   Ich führe einen Sketch auf
- ☐ B   Ich stelle eine Hochzeitszeitung zusammen

4. *Sie haben einen freien Abend. Was tun Sie?*

- ☐ B   Ich lese ganz in Ruhe ein Buch
- ☐ C   Ich gehe tanzen
- ☐ A   Ich treffe mich mit Freunden zum Plaudern bei einem Glas Wein

5. *Ein Bewerber bekommt die Zusage für eine Stelle. Was glauben Sie, wo er wohl die meisten Pluspunkte sammeln konnte?*

☐ A Im ersten Telefongespräch mit dem Personalchef
☐ B Mit seinem Bewerbungsschreiben
☐ C Im Bewerbungsgespräch

6. *Ihr Vermieter hat Ihnen schriftlich eine saftige Mieterhöhung mitgeteilt. Wie reagieren Sie?*

☐ B Ich schreibe einen geharnischten Brief
☐ A Ich rufe ihn an, um die Sache zu klären
☐ C Ich fahre in sein Büro, um ihn zur Rede zu stellen

7. *Sie machen eine Studienfahrt durch die USA. Am letzten Tag können Sie unter drei attraktiven Angeboten wählen. Was machen Sie?*

☐ B Sie bekommen einen Tag lang Zugang zur Staatsbibliothek im Capitol in Washington.
☐ C Sie lernen die Mitglieder der Harlem Dance Company in New York kennen und dürfen mittrainieren
☐ A Sie dürfen mit dem amerikanischen Präsidenten telefonieren

8. Sie sind Mitglied in einem gemeinnützigen Verein. Es sind Vorstandswahlen. Wofür würden Sie am ehesten kandidieren?

- ☐ A Erste/r Vorsitzende/r
- ☐ B Schriftführer/in
- ☐ C Vorsitzende/r des Festkommitees

9. Auf einem Kongress werden drei Workshops angeboten. Für welchen entscheiden Sie sich?

- ☐ C »Konflikttraining durch Rollenspiele«
- ☐ A »Besser verkaufen durch Power Talking«
- ☐ B »Perfekt Kundenbriefe schreiben«

10. Sie haben in einem außergewöhnlichen Preisausschreiben gewonnen. Sie können unter drei Preisen wählen:

- ☐ C Es wird ein Fernsehfilm über Sie gedreht
- ☐ A Sie dürfen eine Rede vor dem Deutschen Bundestag halten
- ☐ B Sie dürfen einen Leitartikel in der *Zeit* schreiben

11. Sie haben sich auf einer Party auf den ersten Blick in eine Person verliebt, haben sie aber gegen Mitternacht aus den Augen verloren. Am nächsten Tag möchten Sie diese Person wiedertreffen. Wie stellen Sie es an?

- ☐ C Ich finde heraus, wo sie arbeitet, und überrasche sie auf dem Nachhauseweg
- ☐ B Ich finde ihre E-Mail-Adresse heraus und schreibe einen Liebesbrief
- ☐ A Ich finde ihre Telefonnummer heraus und rufe sie an

Testauflösung:
Zählen Sie bitte zusammen, wie oft Sie jeweils die Buchstaben A, B oder C angekreuzt haben. Schauen Sie dann unter der Beschreibung des Buchstabens nach, den Sie am häufigsten angekreuzt haben:

A Der Redner/die Rednerin:
Es ist eine Freude, Ihnen zuzuhören, da Sie mitreißend erzählen und Ihre Ideen glasklar präsentieren können. Vielleicht haben Sie in der Schule schon die Abschlussrede Ihres Jahrgangs gehalten. Sie wirken hervorragend durchs Telefon, da Ihre Stimme Sie »verkauft«. Sie lieben aber auch den Smalltalk und können auf jedem Event interessante Leute kennen lernen. Nutzen Sie diese Möglichkeit.

B Der Schreiber/die Schreiberin:
Sie können sich schriftlich am besten verkaufen. Ihre Briefe oder Konzepte sind klar strukturiert und immer auf dem Punkt. Sie finden stets die richtigen Worte. Und ihre Texte könnten unredigiert in Satz gehen. Wahrscheinlich haben Sie schon in der Schule Aufsätze geschrieben, die vor der ganzen Klasse als gutes Beispiel vorgelesen wurden. Und vielleicht tragen Sie sich schon länger mit dem Gedanken, mal ein Buch zu schreiben. Sie können die Schreibbühne nutzen, um auf sich und Ihr Angebot aufmerksam zu machen.

C Der Akteur/die Akteurin:
Sie überzeugen durch Ihr Auftreten. Sie haben keine Angst, vor Zuschauern zu agieren. Im Gegenteil, Sie lieben die Selbstdarstellung, bewegen sich selbstsicher auch in fremden Räumen und schaffen es, durch Ihre Ausstrahlung Menschen für sich einzunehmen. Wahrscheinlich haben Sie schon als Kind gern Theater gespielt. Finden Sie Bühnen, auf denen Sie »spielen« können.

A–B–C:
Ihre Antworten sind gleichmäßig auf mehrere Buchstaben verteilt? Dies gilt auch für Ihre Talente. Sie bewegen sich offensichtlich auf allen Bühnen gleich gern. Sie können sich überall gleich gut »verkaufen«, ob Sie einen Bericht schreiben, eine Rede halten oder einen Workshop leiten. Versuchen Sie trotzdem, Ihre Fähigkeiten auf allen drei Gebieten noch zu verbessern.

Noch besser reden lernen

Manche Leute setzen sich hin und schreiben in null Komma nichts ein tolles Konzept, andere brauchen den Dialog, um ihre Ideen zu entwickeln, und wieder andere können mit Theorien nicht viel anfangen, sondern sind vor Publikum in ihrem Element. Egal ob Sie zu den Rednern, den Schreibern oder den Akteuren gehören: Nutzen Sie Ihr starken Seiten, aber vernachlässigen Sie die anderen nicht.

Wenn Sie mehr Auftritte auf Bühnen suchen, bei denen Sie die Fähigkeiten einer guten Rednerin/eines guten Redners brauchen, dann habe ich hier ein kleines Fitnessprogramm für überzeugendes Reden für Sie zusammengestellt.

Vermeiden Sie die sieben Saboteure

In zahllosen Seminaren habe ich eine interessante Beobachtung gemacht: Sobald Menschen anfangen, über ihre Stärken, ihre Angebote und ihre Ziele zu reden, schleichen sich kleine Saboteure ein, die die Wirkung des Gesagten schmälern, ja fast zunichte machen. Sie sorgen dafür, dass die Menschen zwar schon sagen, was sie wollen, die Wirkung aber verpufft. Wenn sie niemand versteht, kann natürlich auch niemand einhaken, Fragen stellen oder gar Kritik anbringen. Es ist vor allem die Angst, wie die anderen reagieren, die Saboteure aktiv werden lassen. Ich habe hier die sieben wichtigsten »Saboteure gegen eine starke Wirkung« für Sie zusammengefasst:

Erster Saboteur: leise reden

Menschen, die diesen Saboteur hinterm Ohr haben, sagen zwar etwas über ihre Qualitäten, aber so leise, dass sie niemand verstehen kann. Wenn Sie Wirkung erzielen wollen, dann reden Sie laut genug, dass man Sie hören kann. Laut heißt nicht schreien, aber es heißt, den vollen Klang der Stimme ausnutzen. Ingrid Amon, österreichische Fernsehsprecherin und eine der besten Sprachtrainerinnen im deutschsprachigen Raum, hat mir einmal gesagt: Wenn jemand seine Stimme schulen will, dann sollte er so viel wie möglich singen. Und zwar in den ABCD-Räumen: Auto, Bad, Clo und Dusche. So falsch und schräg, wie man wolle. Das spiele keine Rolle. Aber singen gibt unserer Stimme Klang, verbessert die Atmung und macht – ganz nebenbei – fröhlich.

Zweiter Saboteur: schnell reden

Dieser Saboteur schafft es, dass Menschen so schnell reden, dass leider niemand mitkommt und ihre Großartigkeit oder ihre genialen Ideen verpasst. Wenn wir alles nur so runterrattern, ist die Chance groß, dass niemand einhaken oder nachfragen kann. Oder dass nichts in Erinnerung bleibt. Wenn Sie Wirkung erzeugen wollen, sprechen Sie langsam und deutlich. Das gilt insbesondere, wenn Sie einen Dialekt sprechen. Oder wenn Sie über komplizierte Themen mit vielen Fachwörtern reden.

Dritter Saboteur: mit Worten klein machen

Dieser Saboteur sorgt dafür, dass wir jede Aussage, die auf unsere Einzigartigkeit hinweisen könnte, sofort wieder einfangen.

In jeder zweiten Präsentation in meinen Selbst-PR-Seminaren stoße ich auf dieses Schwäche-Teufelchen. Es zeigt sich etwa mit folgenden Begriffen: eigentlich, ein bisschen, ziemlich, relativ, nur. Auch das »ganz« von »ganz gut« ist ein Saboteur, denn es schränkt das »gut« ein. Dazu kommen weitere Einschränkungen, beispielsweise: »Ich glaube ...«, »Ich denke, dass ...« Der absolute Wirkungsfresser ist ein Satz wie: »Ich glaube, ich kann eigentlich ganz gut Englisch, aber natürlich nicht perfekt, also, ich meine so relativ gut.« Wirkung ist gleich null. Geschafft. Wenn Sie gehört werden wollen, lassen Sie diese Weichmacher weg. Sagen Sie einfach, was ist. Verfallen Sie aber auch nicht in den Fehler, jetzt alles aufbauschen zu wollen: Ich kann hervorragend, ich kann sehr gut ...

Vierter Saboteur: totquatschen
Es gibt Menschen, die können, wenn sie etwas beschreiben oder vorschlagen, nicht aufhören zu reden. Nicht weil sie sich so großartig fühlen, sondern weil sie glauben, es reicht nicht, was sie gesagt haben. Also kommt noch ein Detail und noch eins, und irgendwann sind alle so genervt, dass keiner mehr zuhört oder den Sprecher stoppt. Wenn Sie Wirkung erzielen wollen, dann lernen Sie, hinter den Sätzen einen deutlichen Punkt zu machen. (Nicht laut sagen, das könnte albern wirken, sondern innerlich mitsprechen.) Satz. Punkt. Pause. Atem holen. Schauen. Weiter. Wenn Sie merken, Ihr Publikum ist längst überzeugt, Klappe halten.

Fünfter Saboteur: widersprüchliche Körpersprache
Manche Menschen schaffen es, dass ihre Körpersprache ihre Worte Lügen straft. Sie erzählen von den tollsten Erfolgen, aber ihr schlaffer Körper, die eingefallenen Schultern signalisieren etwas anderes: Glaubt mir nicht, so toll fühle ich mich gar nicht. Oder: Sie sprechen von ihrer großen inneren Ge-

lassenheit und nesteln unaufhörlich am Revers, am Schmuck oder an der Krawatte. Denken Sie daran: Körpersprache schlägt Sprache. Achten Sie während Sie sprechen darauf, wie Sie stehen oder sitzen, wo Sie Ihre Hände haben, welche Signale ihr Körper aussendet. Ich empfehle nicht, ein künstliches Posing einzustudieren, aber eine gewisse Achtsamkeit gegenüber unserer Körpersprache macht unsere Ausführungen überzeugender.

Sechster Saboteur: keinen Augenkontakt halten

Dies ist ein Saboteur, der vor allem in Kraft tritt, wenn wir Angst vor Rückfragen haben. Er hat einen gar kindischen Hintergrund: Wenn ich euch nicht sehe, seid ihr gar nicht da. Und ich muss keine Angst vor euch haben. Leider geht ein großer Teil unserer Wirkung verloren, wenn wir nicht bei unserem Publikum sind. Jede Seite, die bei einer Rede abgelesen werden muss, schränkt die Wirkung ein. Jede Drehung zur Leinwand und zu unserer Powerpoint-Präsentation unterbricht den Kontakt zum Publikum. Wenn wir nicht sehen, wie es reagiert, können wir nicht darauf eingehen. Also, wenn Sie gehört werden wollen, schauen Sie die Menschen an. Nicht starren, sondern den Blick schweifen lassen. Sie bekommen dadurch auch wichtige Hinweise, merken sofort, wo etwas unklar ist, können Zustimmung registrieren.

Siebter Saboteur: in Frageform reden

Dieser Saboteur schafft es, dass Forderungen, die wir stellen wollen, bis zur Albernheit verunstaltet werden. »Glauben Sie nicht auch, dass ich eine Gehaltserhöhung verdient hätte?« Einerseits fordern wir damit ein überzeugtes Nein heraus, andererseits ist es ein Saboteur, weil ich hinterher immer sagen kann, ach, ich habe ja nur so gefragt. Ich muss also nie in den

Clinch. Schwäche meine Wirkung aber phänomenal. Wenn Sie Wirkung erzielen wollen, sagen Sie, was Sie wollen. Mit allem Charme, aber auch mit aller Entschiedenheit.

Sie sehen, zwischen unseren Aussagen und unserer Wirkung kann ein tiefer Graben klaffen, je nachdem wie wir die Saboteure in den Griff bekommen. Ich habe festgestellt, dass der erste Schritt zur Besserung schon derjenige ist, sich dieser kleinen Teufel bewusst zu sein. Schon fallen sie einem selbst auf. Man stolpert vielleicht noch über das ein oder andere »eigentlich«, doch es ist bemerkenswert, wie schnell sich Menschen selbst korrigieren können, wenn sie erst einmal sensibilisiert sind.

Erfolg mit KISS

Für Gespräche aller Art empfehle ich Ihnen die KISS-Formel. Sie kennen KISS vielleicht als »Keep it short and simple«. Stimmt auch. Ich habe jedoch meine eigene Formel entwickelt:

Das K steht für Konzentration. Konzentrieren Sie sich auf die Situation, auf die Menschen, mit denen Sie sprechen; das gilt für das persönliche Gespräch, den Vortrag und genauso für das Telefonat. Wenn wir mit unseren Gedanken ganz woanders sind, wenn wir nebenbei Ausschau nach vielleicht interessanteren Gesprächspartnern halten, kränken wir unser Gegenüber.

Das I steht für Interesse. Anstatt den anderen mit unseren Ausführungen »vollzuschwallen«, sollten wir den tatsächlichen Dialog suchen; was interessiert den anderen, was treibt ihn um? Welche Lösungen wünscht er sich, welche Anregungen? Wo kann ich ihn »abholen«, wo finde ich Gemeinsamkeiten?

Das erste S steht für Sympathie. Wenn ich durch die Welt gehe und denke, außer mir gibt es nur Idioten, habe ich es schwer. Wenn ich die Menschen nicht mag, mit denen ich zu tun habe, signalisiere ich es unbewusst. Gemeinsamkeit kann da nicht entstehen. Man kann es sich aber angewöhnen, seinem Gesprächspartner Wertschätzung entgegenzubringen, auch wenn man ihn nicht gleich würde heiraten wollen. Das heißt nicht falsch werden, sondern den anderen einfach respektieren.

Und das zweite S steht für Selbstvergessenheit. Mich ganz in das Gespräch einbringen und das Drumherum vergessen. Ablenkende Gedanken stoppen, wie etwa: »O Gott, wie sehe ich aus, ich habe heute meinen ›bad hair day‹« oder »Hätte ich doch bloß nicht die braunen Schuhe zum blauen Anzug angezogen.« Oder: »Was denkt der von mir?«

Wenn ich diese Selbstvergessenheit erringe, nestle ich nicht mehr an mir herum, höre nicht ständig mit einem Ohr auf mein Handy, kann mich ganz in die Situation hineingeben, fühle mich wohl. Und dieses Wohlgefühl übertrage ich auf meinen Gesprächspartner. Die beste Voraussetzung, dass etwas Gutes dabei herauskommt!

Erfolgreiche Gespräche mit der KISS-Formel

K = Konzentration
I = Interesse
S = Sympathie
S = Selbstvergessenheit

Besser schreiben lernen

Wollen Sie sich schriftlich zum Profi entwickeln, haben Sie Lust am Schreiben oder wollen Sie Ihren Stil noch verfeinern? Dann sind die Inhalte der folgenden Schreibwerkstatt für Sie interessant. Manche Leute behaupten schlicht und einfach: »Ich kann nicht schreiben. Also, ich kann mich nicht hinsetzen und etwas zu Papier bringen.« In vielen Coachings bin ich mit solchen Aussagen konfrontiert. Und wenn die Klienten dann doch einmal etwas aufschreiben sollen, geht es wunderbar.

Denken Sie bei innerlicher Abwehr gegen das Schreiben daran, ob und wie innere Glaubenssätze aus der Kindheit in Ihnen wirken. Hat Ihnen mal jemand gesagt, dass Sie nicht schreiben können? Gibt es eine Kränkung, die bis heute in Ihnen nagt? Mir selbst konnte eine Chefredakteurin über viele Jahr einreden, dass ich »eigentlich« nicht so gut schreiben könne (und das nach über fünfzehn Jahren Berufstätigkeit!). Dass ich als Redakteurin besser organisieren und konzipieren könnte und für die Geschichten dann lieber einen guten Autor, eine »Edelfeder«, anheuern sollte. Diese Einschätzung fiel offenbar auf fruchtbaren Boden, auf Erfahrungen aus meiner Jugendzeit, wie ich heute weiß. Das Muster für die Kränkung war vorgestanzt. Ich nahm sie bereitwillig an.

Schließlich hatte ich ja mein Deutschabitur »verhauen« (Abi-Arbeit eine Sechs, Begründung: eine Predigt und keine Gedichtbetrachtung), schließlich hatte mir mal ein Freund, der mir sehr wichtig war, gesagt, meine Gedichte seien Schrott. Beides saß tief. Heute weiß ich, dass mir schon immer mehr an Inhalten lag als an äußeren Formalien. Das Gedicht von Gottfried Benn hatte mich inhaltlich in seiner Aussage total gepackt, was interessierten mich da noch Versformen? Und der Freund, der meine Poetenkarriere jäh stoppte, bekannte vor wenigen Jahren: Ich habe deine Gedichte nicht gemocht, weil ich darin nicht vorkam. Und ich habe fast fünfundzwanzig Jahre an dieser Kränkung gefressen.

Erst durch das Bücherschreiben, durch das Feedback meiner Leser/innen, konnte ich den Zweifel an mir langsam abbauen. Immer wenn ich einen anerkennenden Leserbrief bekam, dachte ich: »Mensch, so doof kannst du doch gar nicht sein.« Wenn Sie so wollen, war mein erstes Buch der erste Schritt einer wichtigen Therapie. Inzwischen schreibe ich sogar manchmal wieder Gedichte. Nur für mich, aber mit großer Freude.

Also, schreiben können ist kein Staatsgeheimnis. Jeder kann mit etwas Übung seinen Schreibstil verbessern. Ich behaupte sogar: Jeder der denken kann, kann reden. Jeder der reden kann, kann schreiben. Und Übung macht den Meister. Oder, wie schon die alten Römer sagten: Scribendo disces scribere – durch schreiben schreiben lernen.

Einen guten Stil entwickeln

Schauen Sie, ob Ihre Texte den folgenden fünf Anforderungen entsprechen:

1. logisch aufgebaut
2. grammatikalisch korrekt
3. klar und verständlich
4. guter sprachlicher Ausdruck
5. angemessene Ausdrucksweise

»Wer's nicht einfach und klar sagen kann, der soll schweigen und weiterarbeiten, bis er's klar sagen kann«, meinte einmal der Philosoph Karl Popper. Ich als Journalistin kann Ihnen versichern, dass auch mir nicht jede Zeile nur so aus der Feder rinnt. Manchmal ist es eine elende Schinderei. Und so schnell, wie ich etwas geschrieben habe, klicke ich es wieder weg, Mist. Ich verändere und verbessere ständig; wenn ich einen Text mehrmals lese, finde ich jedes Mal etwas, was ich noch besser machen könnte. Ich bin dann immer froh, wenn der Abgabetermin kommt und der Text endlich weg ist.

»Schreiben ist harte Arbeit. Ein klarer Satz ist kein Zufall. Sehr wenige Sätze stimmen schon bei der ersten Niederschrift oder auch nur bei der dritten. Nehmen Sie das als Trost in Augenblicken der Verzweiflung. Wenn Sie finden, dass Schreiben schwer ist, so hat das einen einfachen Grund: Es ist schwer.« Das schrieb der Amerikaner William Zinsser in seinem Bestseller »On Writing Well«. Ich möchte hinzufügen: Die Quälerei lohnt sich. Sobald Sie etwas in die geschriebene Form bringen, so meine Erfahrung, bekommt es ein stärkeres Gewicht. Gedanken sind flüchtig; was wir vorhin noch gedacht haben, ist wenig später schon weg. Ich kann Ihnen empfehlen, stets ein Büchlein bei sich zu tragen, in dem Sie Gedanken, Ideen, Zitate festhalten können.

In meinen Coachings lege ich sehr viel Wert auf das Schreiben. In der Vorbereitung müssen die Kunden schon einen ausführlichen Fragebogen ausfüllen. Und ich bekomme oft das Feedback, dass allein das Aufschreiben schon für mehr Klarheit gesorgt hat, für das Erkennen von Strukturen. Zitat: »Also, vor vierzehn Tagen, bevor ich die Fragen beantwortet hatte, war ich noch viel verwirrter, was ich tun soll.« Darüber hinaus bekommt seit einiger Zeit jeder Coachingkunde ein »Veränderungstagebuch« geschenkt, das er oder sie für Gedanken während der Umsetzungsphase nutzen kann. Auch hier besagt das Feedback: Leere Seiten in einem schönen Buch verlangen nach dem Aufschreiben von Gedanken.

Ein einsames leeres Blatt dagegen oder ein weißer Bildschirm kann ein absoluter Kreativhemmer sein. Wie viele Stunden meines Journalistenlebens habe ich schon auf diesen »Feind« gestarrt. Sie kennen vielleicht auch diese Blockade von Kopf und Fingern – es geht einfach gar nichts. Aber ich habe Strategien gefunden, die helfen können, diese Hemmungen zu überwinden:

Die »Fingerübung«

Lenken Sie sich ab, schreiben Sie irgendetwas in den PC, meinetwegen die Einkaufsliste von morgen, die Namen der Leute, die Sie zur nächsten Party einladen wollen, oder schreiben Sie eine Meldung aus der Zeitung ab (Sie können die »Fingerübung« ja hinterher leicht wieder löschen). Es ist erstaunlich: Durch die Bewegung der Finger löst sich meist auch die Blockade im Kopf. Und unterm »Tippen« kommen Ihnen schon die ersten Ideen für Ihren Brief oder Ihr Konzept.

Die Gedanken »fließen« lassen

Lassen Sie beim ersten Schreiben Ihre Gedanken fließen, achten Sie noch nicht auf Rechtschreibung oder Orthografie – Kreativität braucht Entspannung. Lassen Sie es einfach aus dem Kopf in die Finger rinnen (nur so geraten Sie übrigens in den berühmten »Flow«), auch wenn die oft stolpern und sich auf dem Bildschirm jede Menge rote Schlänglein tummeln. Im zweiten Durchlauf können Sie dann mit großer Aufmerksamkeit Fehler ausbessern und dem Text den Feinschliff geben. »Schreiben ist ganz einfach. Alles, was Sie dazu tun müssen, ist, ein leeres Papier so lange anzustarren, bis von Ihrer Stirn die Worte aufs Papier tropfen.« Sagt dazu der Amerikaner Gene Fowler. Grundvoraussetzung sind aber Ihre Themen. Wenn Sie nichts zu sagen haben, kann Ihnen das beste Schreibprogramm nichts helfen.

Die AIDA-Formel
Sie kommt aus den USA und wurde ursprünglich für Verkaufsschulungen entwickelt. Sie kann sehr gut helfen, eine klare Struktur in Schriftstücke zu bekommen:

A wie »attention«: Aufmerksamkeit wecken
I wie »interest«: Interesse wecken
D wie »desire«: den Besitz-/Kaufwunsch wecken
A wie »action«: zum Auftrag führen

Welche Texte müssen/wollen Sie schreiben?

- ❒ *Kundenbriefe*
- ❒ *Akquisebriefe*
- ❒ *Prospekte*
- ❒ *Pressemitteilungen*
- ❒ *Artikel*
- ❒ *Berichte*

1. Welche Probleme tauchen dabei auf?

_____

_____

_____

2. Was wollen Sie besser machen?

_____

_____

_____

3. Was wollen Sie deshalb trainieren?

_____

_____

_____

Persönlichkeit, Image und Charisma

Wie wir auftreten, wie wir uns ausdrücken, macht einen wichtigen Teil unseres Eindrucks auf andere aus. Erinnern Sie sich? Zehn Prozent Leistung, dreißig Prozent Selbstdarstellung, sechzig Prozent Kontakte und Beziehungen (Sie sollten es nie mehr vergessen)! Ein ähnlich frappierendes Zahlenverhältnis gilt für das gelungene Auftreten. Der amerikanische Psychologieprofessor Albert Mehrabian hat untersucht, wie wir auf andere Menschen wirken, und herausgefunden, dass nur sieben Prozent der Wirkung vom Inhalt abhängen, also von dem, was wir sagen, achtunddreißig Prozent von der Stimme und dem Tonfall und fünfundfünfzig Prozent von nonverbalen Signalen wie Körpersprache, Aussehen und Outfit. »Was also liegt näher, als die persönliche Ausstrahlung gezielt zu steuern und Marketing in eigener Sache zu betreiben?«, meint die Münchner Designerin, Imageberaterin und Trainerin Susanne Dölz.

Ausstrahlung – das übersetzen manche mit Image, andere mit Charisma. Was ist der Unterschied zwischen den beiden Begriffen? Ein Image lässt sich relativ leicht aufbauen, mit der entsprechenden Kleidung, mit rhetorischen Finessen, mit bewusster Körpersprache. Es richtet sich also vor allem aufs Äußerliche – Image ist, wie andere uns sehen. Und keiner wird bezweifeln, dass es einen Unterschied macht, ob jemand in Pulli und Jeans einen Raum betritt oder in einem todschicken Designeranzug.

Ich erinnere mich an die Aussage eines erfahrenen, älteren Unternehmensberaters, mit dem ich über die verschiedenen Managertypen sprach (den Eitlen, den Zauderer etc.), und er warnte mich damals: »Jemand, der wie ein Topmanager aussieht, also die ›richtige‹ Anzugmarke, die ›richtige‹ Uhr, die ›richtige‹ Krawatte und die ›richtigen‹ Schuhe trägt, ist meistens keiner!« Oder, wie es der Modeschöpfer Helmut Lang mal gesagt hat: »Mit Kleidung kann man sich keine Persönlichkeit zusammenbauen. Das geht nur bis zum Hals.«

Charisma jedoch ist weit mehr als Image: Der Schein, das Strahlen, kommt hierbei von innen. Aus der inneren Stimmigkeit heraus entwickelt sich eine Aura, die andere Menschen beeindruckt und sie in den Bann zieht. Susanne Dölz hat eine sehr schöne Definition für den kleinen Unterschied: »Sie können Ihr Image mit der richtigen Kleidung erheblich steigern. Doch eine Person, die Charisma hat, kann tragen, was sie will.« Was hat nun Selbst-PR mit Charisma zu tun? Auf den ersten Blick scheint es ein Gegensatz wie Woolworth und Bulgari, wie Trabi und Maybach. Doch wenn wir genau hinschauen: Was wollen wir mit guter Selbst-PR erreichen? Wir wollen unsere Talente ausleben, unsere Fähigkeiten einsetzen, unsere Ideen verwirklichen, mehr Spaß an der Arbeit haben und mitentscheiden. Und was tun Menschen mit Charisma? Genau dieses.

Ich möchte Ihnen deshalb raten, um Ihre Ausstrahlung zu stärken: Polieren Sie ruhig durch Imagepflege Ihre Wirkung nach außen auf. Der Vorteil: Sie werden sehr bald ein positives Feedback erhalten, wenn Sie Ihre Stimme schulen, Ihre Körpersprache verbessern oder sich »angemessene« Businesskleidung zulegen. Neben dieser Schnellpolitur sollten Sie aber auch an dem Strahlen aus Ihrem Inneren arbeiten. Ihr Charisma entwickeln. »Wie – ich und Charisma?«, werden sich jetzt manche zweifelnd fragen? Ja, warum nicht? Ich glaube nicht daran, dass Charisma nur wenigen ausgesuchten Lieblingen des Himmels geschickt wird, dass es eine gottgegebene Sache ist, die nur großen Schauspielern, Politikern oder anderen Held/innen zugesprochen wird. Jeanne d'Arc, Greta Garbo, John F. Kennedy, Mahatma Gandhi, Nelson Mandela ..., das sind Namen, die wir mit Charisma verbinden. Ich bin überzeugt, dass diese Menschen Charisma entwickelt haben, dass sie durch Ihre Taten und durch ihre Öffentlichkeit dieses Strahlen intensiviert haben. Und vor allem: durch die Überzeugung in ihrem Tun!

Und daran können wir uns durchaus ein Beispiel nehmen. Ich glaube nicht an Seminare »In drei Tagen zum Charisma« und stelle mir bei den einschlägigen Kassetten immer wieder vor, wie ein Mensch sonntags auf dem Sofa liegt und vor sich hinsagen soll: »Ich habe Charisma, ich habe Charisma ...« So billig kriegen wir es, glaube ich, nicht. Ich stimme eher dem Erlanger Körpersprache- und Stimmtrainer Achim Hofmann zu, der definiert: »Wenn du Charisma hast, besitzt du nicht nur eine gute Rhetorik, sondern auch eine Überzeugung dahinter.« Und ich mag sehr die Worte meines geschätzten Kollegen Wolf Lasko, der sagt: »Jeder hat sein Charisma schon erlebt. Wenn Sie sich kreativ, glücklich und vollkommen lebendig fühlen, wenn Sie die Macht spüren, Ihr eigenes Leben lenken zu können – in diesen Momenten wird Ihnen Ihr Charisma bewusst.«

Wir spüren es, ob jemand »bei sich« ist oder nicht. Ein Beispiel: Der zweite Tag eines anstrengenden Fachkongresses. Es werden Referate gehalten. Die meisten Teilnehmer/innen dämmern leicht vor sich hin. Zeitungen rascheln, dazwischen halb laute Unterhaltung. Plötzlich verändert sich die Atmosphäre im Saal; die Plauderer verstummen und wenden sich der Bühne zu; die Zeitungleser heben den Blick; die Müden recken sich und setzen sich gerade hin. Es liegt etwas in der Luft. Eine neue Rednerin ist aufs Podium getreten. Schon mit ihren ersten Worten hat sie die Aufmerksamkeit auf sich gezogen. »Die hat irgendwie Charisma«, werden andere später über sie sagen.

Die ersten dreißig Sekunden

Bleiben wir erst einmal beim äußeren Handwerkszeug: Körpersprache und Kleidung. Menschen sind Augentiere, und der »erste Eindruck ist der wichtigste«. Untersuchungen haben gezeigt, dass Menschen in den ersten dreißig Sekunden entscheiden, ob sie einen anderen mögen oder nicht. In dieser halben Minute setzt sich das Bild des anderen in ihrem Kopf fest. Alle späteren Eindrücke werden dann durch diesen Filter gesehen. Das ist das »Schubladenprinzip«: Schublade auf. Mensch rein. Schublade zu. Nun können wir das furchtbar oberflächlich finden, aber dadurch werden wir es nicht ändern.

Ich zeige gern in meinen Seminaren eine Folie mit drei verschiedenen Klingelschildern von Zahnärzten. Die gleichen Titel, der gleiche Text, nur eine andere Schrift. Und dann frage ich die Teilnehmer/innen, zu welchem dieser drei Ärzte sie am ehesten gehen würden. Fast jede/r entscheidet sich innerhalb von dreißig Sekunden und kann das auch begründen: weil dieser Arzt erfahrener, ruhiger, jünger oder älter ist, weil er eine gute Ausbildung hat oder ein gutes Kosten-Nutzen-Verhältnis bietet, niemals die falschen Zähne behandelt.

Es ist unglaublich, welche Assoziationen allein ein Schrifttyp wecken kann. Und wir reden dann darüber, wie wahnsinnig wir doch eigentlich sind, allein aufgrund eines Schildes einen Menschen zu beurteilen. (Vielleicht wundern sich manche Zahnärzte, warum sie so wenige Patienten haben, und müssten vielleicht nur das Schild unten am Haus auswechseln?! Oder die Anzeige in den GelbenSeiten?)

Um wie viel mehr noch provozieren wir eine Sekundenbeurteilung durch unser Äußeres, durch die Art, unsere Haare zu tragen (und zu färben), durch die Wahl unserer Kleidung, die Beschaffenheit unserer Schuhe, die Art unseres Gehens, unser Lächeln und unseren bohrenden Blick. Und das gilt für eine Präsentation vor einem Kunden genauso wie für den Vortrag vor Hunderten von Zuhörern. Das gilt für das Bewerbungsgespräch genauso wie für den Smalltalk auf einer Party.

»Halo-Effekt« nennt man dieses Blitzurteil. Halo, das ist der griechische Name für den »Hof« um Mond oder Sonne, diesen schimmernden Kranz. Der Halo-Effekt ist ein archaischer Trieb, den wir von unseren höhlenbewohnenden, durch die Savanne streifenden Vorfahren geerbt haben, für die es immens wichtig war, innerhalb von Sekunden zu entscheiden: Freund oder Feind? Nachbar oder Löwe? Da wenig Zeit für die Einschätzung blieb (Keule oder Hand?), kann sich das »Beschnuppern« nur an deutlichen äußeren Merkmalen orientieren. Bis man zum »guten Kern« vorgestoßen ist, war man vielleicht schon gefressen.

In unserer Zeit orientiert sich der Halo-Effekt eben überwiegend an der Kleidung. Stellen Sie sich vor: Sie gehen zu einem Vortrag auf eine Bühne. Und bevor Sie überhaupt ein Wort gesagt haben, haben sich die anderen längst eine Meinung über Sie gebildet. Stellen Sie sich vor: Sie kommen als Berufsanfänger auf einer Rekrutierungsmesse an einen Stand. Bevor Sie überhaupt Ihre Bewerbungsmappe aus der Tasche ziehen können, sind Sie schon taxiert. Ungerecht? Ja! Aber Tatsache.

Ich weiß, dass Personalchefs geschult werden, sich nicht nur vom Äußeren beeinflussen zu lassen, aber ebendiese Schulungen zeigen, dass es ansonsten so ist. Wen ich auf den ersten Blick nicht mag, wem ich nichts zutraue, der hat es verdammt schwer, bei mir noch Punkte zu machen. Ich behaupte nicht, dass wir nicht noch in einer zweiten Chance das Bild verändern könnten, nein, ich bin überzeugt davon, dass es geht. Nur die Frage ist: Bekommen wir überhaupt noch eine zweite Chance, unser Genie, unsere Großartigkeit, unser wundervolles Selbst zu präsentieren?

Ich kann Ihnen daher nur empfehlen, die Frage Ihres Outfits möglichst professionell anzugehen. Am Anfang steht die Entscheidung: Richte ich mich nach den Spielregeln oder nicht? Wenn alle, die auf der Ebene arbeiten, in die ich hineinkommen möchte, in einem dunkelblauen Anzug mit Blockstreifenkrawatte herumlaufen – investiere ich in einen ebensolchen oder bleibe ich bei Seidenblouson und Mickymaus-Krawatte?

Wenn alle Kolleginnen in der neuen Firma in kreativem Schwarz herumlaufen, passe ich mich an oder bleibe ich bei Jeans und buntem Pulli? Denken Sie daran: Wie Sie entscheiden, ist ganz allein Ihre Sache. Aber die Auswirkung sollten wir vorher überlegen. Denn Ihre Botschaft kommt immer an, egal ob Sie das wollen oder nicht. »Wir können nicht nicht wirken«, wie einmal ein schlauer Mensch gesagt hat.

Ich selbst habe durchaus verschiedene Outfits für verschiedene Anlässe. Im Seminar kleide ich mich legerer (und möglichst bequemer) als auf der Bühne der Stadtsparkasse in M., wo der Vorsitzende im todschicken Anzug mit rosa Seidenkrawatte meinen Vortrag ankündigt. Beim Gespräch mit der Topmanagerin von DC kleide ich mich anders als bei dem mit der Frauenbeauftragten der Stadt B. Das hat nichts mit einer Ranghörigkeit zu tun, sondern mit meinem Wunsch, Nähe zu erzeugen. Und ich weiß, dass auch meine Kontaktpersonen unterschiedliche Signale mit ihrer Kleidung aussenden. Sie kennen das sicher: Overdressed zu sein ist gleich schrecklich wie underdressed, in beiden Fällen fühlen wir uns ziemlich einsam.

Natürlich wissen wir alle, dass wir es mit Klischees zu tun haben. Aber wir wissen auch, wie hartnäckig sie sind. Noch einmal: Wir können sagen, das ist mir Wurscht! Wir sollten uns aber dann über bestimmte Reaktionen nicht wundern. Nach meiner Erfahrung können es sich nur äußerst erfolgreiche Menschen leisten, gegen »Dos and Don'ts« zu verstoßen. Wer würde Bill Gates in einen dunklen Anzug stecken wollen? Aber dafür ist er eben auch B.G.

Wir sind uns einig, dass ein Mann im Boss-Anzug oder eine Frau im Armani-Kostüm keine besseren Menschen sind. Aber wir können uns dem Eindruck von eleganter und stilvoller Kleidung nicht entziehen. Ganz abgesehen davon, ob mir der Mensch, der darin steckt, sympathisch ist oder nicht: Die Kleidung selbst hat einen Aufmerksamkeitswert. Und den kann jede/r nutzen.

Ein Beispiel: Harriet S., neunundzwanzig, ist Architektin. In dem Architekturbüro, in dem sie nach ihrem Studium zu arbeiten begann, wird sie aber mehr wie eine technische Zeichnerin beschäftigt. Sie bekommt immer nur Assistenzaufgaben, aber nie ein eigenes Projekt. Sie bucht bei mir ein Einzelcoaching, weil sie die Nase voll hat von arroganten Kollegen, einem ignoranten Chef und stupiden Hilfsarbeiten.

Am ersten Tag entwickeln wir gemeinsam einen Plan, wie sie mit besserer Selbst-PR aus der Sackgasse herauskommen kann. Ein Unterpunkt heißt: Outfit verändern. Harriet S. geht normalerweise in Jeans, Pullover und Turnschuhen ins Geschäft. »Das kommt noch aus meiner Studentenzeit. Außerdem ist's praktisch, und ich komme ja sowieso nicht raus zu den Kunden.« Als sie das Bild einer »richtigen« Architektin zeichnen soll, skizziert sie geschickt eine Frau im eleganten Hosenanzug, mit flachen, aber schicken Schuhen, dezentem Schmuck und einer großen, teuren Handtasche.

In einem Rollenspiel stellt sie einmal das Jeansgirl dar und einmal die Toparchitektin. Und sie spürt schon in diesem »Trockenlauf« den Unterschied – in sich selbst! In den nächsten Wochen bleiben wir telefonisch in Kontakt. Sie erzählt mir ganz nebenbei, dass sie sich einen klassischen Hosenanzug zugelegt und die Sneakers gegen Todd's eingetauscht hat.

Beim nächsten Coachingtermin berichtet sie mir über die Veränderungen, die sie registriert hat. Als Erstes: »Seit ich mein Outfit verändert habe, sprechen mich Kollegen immer wieder darauf an. Du bist aber schick heute, heißt es dann. Aber ich spüre mehr als diese äußeren Komplimente. Ich bilde mir ein, dass sich der Ton ganz allgemein mir gegenüber verändert hat, mehr respektvoll oder so. Also, ich find's toll!« Wir sollten nicht vergessen: Harriet S. hat sich nicht nur anders gekleidet, sie hat sich anders gefühlt – eben wie eine »richtige« Architektin. Und das hat sie ausgestrahlt.

Übrigens: Sie hat kurz darauf ihr erstes »richtiges« Projekt bekommen, noch klein, aber ein Anfang.

Gelungene Selbst-PR bedeutet eben auch, die Wirkung von Kleidung und Körpersprache zu kennen und gezielt einzusetzen. Viele wehren sich gegen solche Marketingstrategien mit dem Argument, dass sie sich nicht verkleiden wollen – aber darum geht es ja gar nicht.

Susanne Dölz: »Ein aufgepfropftes Image, mit dem man sich nicht wohl fühlt, erreicht genau das Gegenteil; die nonverbalen Signale durchs Outfit stehen dann im Widerspruch zur Persönlichkeit und die Person wird unglaubwürdig. Die richtige Kleidung ist ein Werkzeug, um bei anderen Menschen in der richtigen Schublade zu landen.« Das Ziel heißt also: Persönlichkeit und Kleidung sollen zur Kongruenz führen.

Ich wage heute zu sagen: Wenn wir uns kleiden wie ein Staubsaugervertreter, werden wir auch so behandelt, es wird uns regelmäßig die Tür vor der Nase zugeknallt. Laufen wir rum wie die Praktikantin, werden wir behandelt wie die Praktikantin. Und dürfen kopieren und Kaffee kochen. Signalisieren wir, dass uns dieser ganze Kleidercode im Unternehmen anstinkt, dann zeigen wir damit auch, dass wir uns innerlich schon längst verabschiedet haben.

Erst neulich wieder habe ich in einem Teamseminar nach weniger als einer halben Stunde gewusst, welche Rolle die fünf anwesenden Männer (neben neun Frauen) spielten: a) der »bunte Vogel« (übergewichtig, leicht aggressiv, im Tennishemd), b) der »Distanzierte« (spöttisches Lächeln, Pullover, Bart) c) der »Philosoph« (schlacksig, Anzughose und Polohemd) d) der »softe Aufstrebende« (schwarzes Hemd, schwarze Hose, kritisch-lümmelnd) und e) der »sachbezogene Einzelkämpfer« (zurückhaltend-freundlich, buntes Hemd, Jeans). Im Lauf der zwei Tage vertiefte sich der Eindruck in vielen Gesprächen. Dass kein »Cooler« oder »Durchgestylter« dabei war, darauf würde ich eine Wette abschließen, lag sicher daran, dass die Abteilung von einer Frau geführt wurde. Ein Mann mit klaren Karriereambitionen würde eine solche Abteilung fluchtartig verlassen, da sie für sein »Renommee« schädlich wäre. Ich sage das nicht, weil es so ist, sondern weil es in unserer seltsamen Karrierekultur weitgehend so gilt.

Mut zum aufrechten Gang

Wenden wir uns der nächsten »Schicht« unserer Darstellung zu: unserem Körper. Er ist durchaus beteiligt an unserer Wirkung: Wir alle wissen, dass man beispielsweise kleinen, dicken Frauen auf den ersten Blick nicht so viel Interesse entgegenbringt wie großen, schlanken. (Mein Gott, wie habe ich es dann überhaupt geschafft?)

Ich habe gelernt, dass man allein durch die Körperhaltung bis zu fünf Zentimeter »herausschinden« kann. Ich werde immer größer geschätzt, als ich mit meinen knapp über einen Meter sechzig bin. Dazu gehört der »aufrechte Gang«, sich nicht zu ducken, nicht zu verstecken, die Schultern gerade zu halten. Das kann man üben. Den »Gang der Königin« nennt das eine Kollegin.

Man kann sich unsichtbar machen, das kennen wir noch aus der Schulzeit, man kann sich aber auch sichtbar machen. Dazu gehört beispielsweise, Menschen bewusst anzuschauen. Meine Erfahrung: Wenn ich gucke, gucken sie zurück. Wenn ich Menschen ansehe, habe ich die Chance, gesehen zu werden. Und wenn ich dann sogar noch lächle, habe ich die Chance, bemerkt zu werden.

Bemerkenswert. Also, wenn Sie gesehen werden wollen: Gehen Sie aufrecht in einen Raum hinein, schauen Sie die Menschen dort an. Wenn es Ihrem Naturell und Ihrer Stimmung entspricht, lächeln Sie (dann aber auch mit den Augen). Wenn man sich auf die Menschen freut, ist das übrigens keine Anstrengung.

Die fünf »K« zum Charisma

Gehen wir noch eine Schicht tiefer: zur Überzeugung. Ganzheitlichkeit und Kongruenz sind zwei Schlüsselbegriffe, wenn wir uns überlegen, wie wir unsere persönliche Ausstrahlung tiefgreifend verstärken können. »Vision« ist ein anderer. Zum Beispiel Pablo Picasso: Er hat sich von seinem künstlerischen Weg niemals abbringen lassen. Er hat immer so gemalt, wie er malen musste. Obwohl er zeitweise verlacht und verleumdet wurde. Oder nehmen Sie Nelson Mandela, einen Mann, dem selbst seine Feinde Charisma bescheinigten. Unbeirrbar ist er seinen Idealen gefolgt. Gefängnis, Folter, Sanktionen gegen seine Familie – alles Elend hat ihn nicht davon abbringen können.

Nehmen Sie andere Beispiele:

- Eine Tänzerin weiß nicht mehr, was sie tut, sobald sie auf der Bühne steht. Es schwingt etwas über ihrem Kopf, das sie leitet.

- Ein Fußballtrainer wechselt in einer bestimmten Minute einen bestimmten Mann ein. Und dieser schießt nach einer Minute das entscheidende Tor. Hinterher kann der Trainer nicht erklären, warum er gerade so entschieden hat.
- Eine Businessfrau trifft eine Entscheidung, die niemand anderes nachvollziehen kann. Erst später erweist sie sich als die einzig richtige. Die Unternehmerin verweist auf ihr Intuition.
- Ein Autor schreibt einzelne Passagen seines Werkes mit traumwandlerischer Sicherheit, wie von einem »überirdischen Skript« geleitet. Es werden seine besten Stücke.

Was aber, wenn ich den »Ton« nicht höre? Wenn ich weder auf Intuition vertraue noch auf ein Lebensskript, das mir Sicherheit schenkt?

Meist liegt es daran, dass ich nicht an mich und meine Vision glaube. Ich richte mich nach dem Orchester äußerer Vorgaben. Um meine eigene Kraft zu entwickeln, muss ich zu mir selbst zurückfinden.

Zusammen mit Achim Hofmann habe ich die fünf Grundlagen für Charisma zusammengestellt. Und wir sind auf fünf Begriffe mit K gekommen:

Körper

Ausstrahlung erlange ich, wenn ich mich in meinem Körper wohl fühle. Um die Freundschaft mit meinem Körper zu erhalten, muss ich ihn gut ernähren und pflegen, ihm neue Energie zuführen. Ich kann ihm helfen, sich zu entspannen, indem ich mir jeden Tag etwas Gutes tue: Tanz, Zärtlichkeit, Meditation, Musik, in der Badewanne liegen, träumen, wandern, malen, mit meinen Kindern herumtollen.

Wer Charisma im Beruf entwickeln möchte, sollte daran denken, dass der Job nicht alles ist. Lebensfreude ist Grundlage positiver Ausstrahlung, auch in schwierigen Zeiten. Doch die kann ich nicht entwickeln, wenn ich gar nicht lebe. Ich habe immer mehr den Eindruck, dass ehrgeizige Menschen ihren Körper »benutzen«, selbst wenn sie ihn fit halten und trimmen. Sie »härten sich ab« und verlieren dadurch manchmal die Weichheit und Durchlässigkeit für Gefühle. Sie fordern sich alles ab, möglichst im Marathon oder Triathlon, setzen aber irgendwie den brutalen Kampf im Management mit anderen Mitteln fort. Diese Einzelkämpfer »besiegen« sich selbst. Klingt nicht sehr sinnlich.

Wenn ich aber meinen Körper fühle, wenn ich auf ihn höre, hilft er mir auch, die Gefühle anderer Menschen zu erkennen und zu verstehen. Diese Intelligenz meines Körpers bringt mich erst dazu, in allen Situationen präsent zu sein.

Konzentration

Charisma bedeutet, dass ich das, was ich im Augenblick tue, ganz tue. Ich kann nicht präsent sein, wenn ich mit halbem Herzen woanders bin. Nur wenn ich mich auf eine Arbeit ganz einlasse, kann ich dieses wunderbare Gefühl des völlig Abgehobenseins genießen: diese vermeintliche »Bewusstlosigkeit«, in der mein Unterbewusstsein herrscht und Ergebnisse bringt, die ich auch mit äußerster Willensanstrengung nicht geschafft hätte.

Flow-Erlebnisse nennt man diese Bewusstseinsform. Ich kann in solche Flow-Erlebnisse geraten, wenn ich Klavier spiele oder die Monatsabrechnung erstelle. Wenn ich ein Buch lese oder eine Idee entwickle, wenn ich einen Vortrag halte oder ein Vogelhaus baue. Indem ich ganz in dieser Tätigkeit aufgehe, entwickle ich ungeheuer viel Kreativität und Kraft. Bezeichnend ist dabei immer, dass ich alle anderen Gedanken völlig ausschalte. Andere Menschen fühlen dann, dass ich präsent bin, meine Energie, meine Sinne und meine Kreativität auf das Gespräch mit ihnen richte. Und sie wenden sich mir zu.

Um diese Präsenz entstehen zu lassen, kann ich einerseits äußerliche Störungen vermeiden: das Telefon aus- oder umschalten oder in einen ruhigen Raum, eine ruhige Ecke gehen. Ich kann mich aber auch vor dem Gespräch völlig auf den Menschen konzentrieren, ihn innerlich begrüßen und dann inmitten der größten Hektik ganz bei ihm sein.

Kontakt
Charisma wird im Feedback von anderen Menschen sichtbar. Und die fühlen, ob sich wirklich jemand für sie oder ihre Arbeit interessiert. Verachte ich beispielsweise meine Mitarbeiter/innen, kann ich sie nicht motivieren. Will ich nur als Einzelgänger/in Erfolge, fehlt mir die Möglichkeit, mich in anderen zu spiegeln und mit anderen zusammen zu wachsen. Charisma verlangt Empathie, also die Fähigkeit, mich in andere Menschen hineinzuversetzen.

Überprüfen Sie einmal Ihre Einstellung zu den Menschen aus ihrem beruflichen Umfeld – Kollegen, Vorgesetzten oder Kunden. Wie sehe ich die anderen? Welche Gefühle verbinden mich mit Ihnen? Gehöre ich dazu, oder fühle ich mich Ihnen überlegen? Woher kommt dieses Gefühl? Anerkennung und Loyalität sind die beiden Seiten einer Medaille.

Wer Probleme hat, den anderen Wertschätzung entgegenzubringen, sollte darüber nachdenken, welches Menschenbild ihm in der Kindheit vermittelt wurde, welche Erfahrungen ihn so ablehnend oder zynisch gemacht haben. Und was er braucht, um wieder mehr Vertrauen in die Menschen zu gewinnen. Das Faszinierende ist nämlich: Wir sind selbst in der Lage, unser Menschenbild neu zu definieren, aus Gleichgültigkeit wirkliches Interesse zu machen.

Konzept

Menschen hören charismatischen Personen deshalb gern zu, weil sie ein schlüssiges Lebenskonzept zu bieten haben, eine Überzeugung, eine Vision. Wie steht es mit Ihrer Vision? Folgen Sie Ihrer inneren Stimme? Kennen Sie diese überhaupt? Nach welchen Werten richtet sich Ihr Leben? Was ist Ihre Überzeugung?

Schreiben Sie doch einmal auf, was Ihnen wirklich wichtig ist im Leben – Freude, Anerkennung, Spaß, Erfolg, Geld, Ruhm, Sicherheit, Begeisterung, Macht, Abenteuer, Freude, Gerechtigkeit, Sinn, Verantwortung, Mut, Freiheit?

Meine Werte:

_____

_____

_____

_____

_____

_____

_____

_____

_____

_____

Erkennen Sie eine innere Linie, die Sie unbewusst steuert? Erkennen Sie vielleicht auch, was Ihnen derzeit im Leben fehlt, wovon Sie mehr möchten? Wo bestimmte Werte derzeit mit Ihrem Leben nicht harmonisieren? Überzeugend bin ich nur, wenn ich selbst eine Überzeugung habe. Und dafür einstehe. Das heißt auch, sich zu negativen Vorgängen eine Meinung zu bilden und diese zu äußern. Mit zunehmender Klarheit nimmt die Fähigkeit zu, andere für Ideen zu begeistern, Dinge zu bewegen. Wer seine Überzeugungskraft nachhaltig stärken will, sollte deshalb das Drehbuch seines Lebenskonzepts entwickeln: Wo will ich hin? Wofür lohnt es sich, sich einzusetzen? Wie möchte ich das erreichen?

Kongruenz
Charisma entwickelt sich dann, wenn es gelingt, Werte, Visionen und Ziele mit meiner Persönlichkeit und der Realität in Einklang zu bringen. Wie kann ich charismatisch wirken, wenn ich in meinem Job täglich gegen meine Werte verstoßen muss? Wie, wenn ich in meinem Beruf stets unter meinen Fähigkeiten und Möglichkeiten bleibe? Wie kann ich überzeugen, wenn ich aus Angst vor dem Verlust meines Arbeitsplatzes ständig den Mund halte, auch wenn ich glasklar sehe, was zu kritisieren ist?

Erst wenn wir es schaffen, unsere verschiedenen Ebenen – von den äußeren Umständen über unser Verhalten, unsere Ziele, unsere Glaubenssätze, unsere Werte bis zu unserer Identität – in Einklang zu bringen, können wir unser wahres Charisma ausleben.

Charisma heißt auch: kleine Wunder zulassen. Dem Bauch genauso viel Recht einzuräumen wie dem Kopf. Charisma heißt, sich selbst zu vertrauen, aber auch anderen Menschen.

Charisma heißt, Vertrauen in die Welt zu setzen, bei aller Unvollkommenheit und Widersprüchlichkeit.

Sie sehen, Charisma heißt nicht, auf den göttlichen Blitz zu warten, der uns erleuchtet, sondern selbst aktiv an unserer Ausstrahlung zu arbeiten, Schritt für Schritt, an den verschiedensten Punkten ansetzend. Wie Sie Ihre Ausstrahlung dann ganz konkret auf den verschiedenen Bühnen Ihres Lebens zum Strahlen bringen, das erfahren Sie im nächsten Kapitel.

Überzeugend auf allen Bühnen

Sie kennen jetzt Ihre Stärken, haben alle Handbremsen gelöst, Sie haben ein Dutzend überzeugender Themen im Köcher und wissen, wen Sie erreichen wollen? Sie haben Ihr Ziel fest vor Augen und strahlen aus allen Knopflöchern? Dann fehlen Ihnen jetzt nur noch die Bühnen, auf denen Sie Ihre Großartigkeit zeigen können. Und dies ist das ganze Geheimnis: Selbst-PR funktioniert über alle Arten der Kommunikation – über das Auftreten, über Äußerungen, über Memos und Aufsätze, über Vorträge, Referate und Diskussionsbeiträge, über Briefe und Prospekte, Projektvorschläge oder konstruktive Kritik. Auf welchen Bühnen Sie im Einzelfall spielen können, richtet sich nach der Zielgruppe – wo erwischen Sie die richtigen Leute? Der berühmte Hamburger Opernintendant Rolf Liebermann hat das besonders schön ausgedrückt: »Musik ist Leben und Leben ist wie Musik. Jeder kann die Partitur seines Lebens schreiben, aufführen und anderen zu Gehör bringen.« Ich habe Ihnen hier bewährte, grandiose, wichtige und unverzichtbare Bühnen zusammengestellt. Vorhang auf:

Begeisternd bei Bewerbungen

Selbst-PR bei der Suche nach einem Job heißt vor allem: Vergessen Sie, dass Sie unbedingt von diesem Unternehmen eingestellt werden wollen, dass Sie dringend diesen Job brauchen. Nur so kommen Sie aus der Rolle des Bittstellers in die des gleichberechtigten Partners. Können Sie sich die Körperhaltung eines Bittstellers vorstellen? Na sehen Sie. Da lobe ich mir den aufrechten Gang des selbstbewussten Gegenübers. Ich weiß, dass dies nicht immer leicht ist, vor allem wenn ich schon fünfzig oder sechzig Bewerbungen verschickt und nur Absagen einkassiert habe. Aber ich weiß auch selbst als Auftraggeberin, dass Unterwürfigkeit mich noch nie dazu gebracht hat, jemandem einen Job zu geben. Es geht einzig und allein um Professionalität. »Ich bräuchte mal wieder einen Auftrag« war der absolute Killersatz.

Versetzen Sie sich in die Rolle des souveränen Händlers: Sie bieten dem Unternehmen eine ganze Reihe von Fähigkeiten, die dort benötigt werden. Im Idealfall müsste der Personalchef Ihrer Zielfirma in einen Glücksrausch verfallen, wenn er Sie für das Unternehmen gewinnen konnte.

Das kann aber nur geschehen, wenn Sie sich supergut auf das Bewerbungsgespräch vorbereiten: Sie kennen Ihr Stärkenprofil, Sie haben genügend Themen, über die Sie sprechen können. Sie haben sich vorher gut über das Unternehmen informiert, wissen, wie die wichtigsten Produkte heißen und für welche Kunden gearbeitet wird. Wie sieht der Markt derzeit in der Branche aus? Welche Nachrichten gibt es über das Unternehmen und die Mitbewerber? Welche Umstrukturierungen werden gerade vorgenommen? Welches Thema ist gerade hochaktuell (meistens ist es Kostensenkung, damit liegen Sie immer richtig)? Diese Recherche kostet zwar einige Mühe, aber wenn Ihnen die nicht wert ist, dann ist diese Stelle sowieso nicht die richtige für Sie. Und das Internet hilft hierbei inzwischen enorm.

Checken Sie dann Ihren USP darauf ab, wie Sie dem Unternehmen helfen können, noch erfolgreicher zu werden. Was wissen Sie, was das Unternehmen brauchen kann? Denken Sie dabei nicht nur an Ihre Ausbildung und Ihre Erfahrung, sondern auch an aktuelle Fortbildungen. Worin sind Sie top? Sammeln Sie so viele Argumente wie möglich, warum Sie der/die ideale Kandidat/in sind.

Professionelle Argumentation brauchen Sie ebenso bei der Nachfrage nach Ihren Motiven, warum Sie sich gerade bei diesem Unternehmen beworben haben. Gut, Sie werden nicht sagen, »Hey, Mann, weil ich dringend die Kohle brauche«, und das distinguierte »Ich suche eine neue Herausforderung« ist ziemlich durch.

Dass Sie nicht auf Ihre alte Firma schimpfen sollten, um deutlich zu machen, warum Sie dort fluchtartig weg müssen, ist ja wohl ebenfalls klar.

Hier ein paar Beispiele, wie Sie Ihren Wunsch »lecker« verpacken können:

- »Ich kaufe seit Jahren in Ihrem Warenhaus ein, und ich finde es spannend, wie Sie in den letzten Jahren Ihren Warenumschlag verdreifacht haben ...«
- »Ich habe schon als Kind einen Ford Mustang als Wikingauto besessen. Den durfte man mir nicht mal im Schlaf wegnehmen ...«
- »Im Studium waren Statistiken meine Leidenschaft. Ich habe deshalb Ihren letzten Geschäftsbericht geradezu verschlungen ...«
- »Mit großem Interesse habe ich von Ihrer neuen Firmenphilosophie gelesen, genau zu diesem Thema habe ich meine Examensarbeit geschrieben und fände es spannend, sie mit umzusetzen ...«
- »Mein Ziel war es schon immer, im Bayerischen Hof mitzuwirken, und ich habe mich von Küche zu Küche herangearbeitet ...«

Übrigens: Flunkern Sie nicht, wenn Sie nach Ihrer bisherigen Arbeit gefragt werden. Lügen Sie nicht über Position oder Gehalt, es kommt sowieso heraus. Entweder über die Steuerkarte, das Zeugnis oder per »Branchenfunk«: Personalleiter pflegen enge Kontakte, wie ich feststelle.

Neulich wurde ich vom *FAZ Hochschulmagazin* gefragt, was ich Berufsanfängern raten würde, die ihre Mappe auf einer der zahlreichen Bewerber- oder Rekrutierungsmessen abgegeben haben und nun auf Antwort warten. Mir fiel ein, dass an den meisten Ständen Bonbons oder Schokoladentäfelchen herumliegen. Und ich kam auf eine Idee: Ich würde ein Bonbonpapier vom Stand meines Traumunternehmens bügeln und auf DIN-A4-Größe kopieren. Auf die Rückseite würde ich schreiben: »Das war das wichtigste Bonbon meines Lebens ...« und mich damit in Erinnerung bringen.

Sie erinnern sich an die Pluspunkte aus dem Zirkusspiel? Bringen Sie in Ihre Bewerbung so viel Begeisterung, Leidenschaft, Fantasie und Kreativität wie Sie können – ohne albern zu werden. Dann haben Sie eine Chance, eingeladen zu werden.

Sie haben ein Bewerbungsgespräch, kommen zur Tür herein. Jetzt beginnt Ihre nächste Selbst-PR-Show. Sie schütteln die dargebotene Hand, suchen Augenkontakt, setzen sich. Ihr Gegenüber möchte Sie anschauen, geben Sie ihm Gelegenheit dazu. Schauen Sie sich im Zimmer um, zeigen Sie sich im Profil, loben Sie irgendetwas, etwa den Blick, die Möbel, das Firmenlogo, die neuen Produktionshallen, ein Bild. Ihr Gegenüber ist ein Mensch, der wahrscheinlich auch nicht zu viel Lob bekommt. Durch ein dezentes Kompliment können Sie eine Brücke zu ihm/ihr bauen. Denken Sie immer daran: Die »Dicke« des Lobs bestimmen Sie selbst.

Suchen Sie eine Sitzposition, in der Sie sich wohl fühlen, rutschen Sie dafür ruhig ein bisschen auf Ihrem Stuhl hin und her. Leben Sie sich in diesem Büro ein, während Sie Smalltalk machen. Denn wenn Sie sich nicht wohl fühlen, wird es der andere als fehlendes Selbstbewusstsein oder gar Verdruckstsein auslegen. Und wird seinerseits steifer. Die Feedback-Spirale läuft ins Negative.

Aber wenn Sie offen auf den anderen zugehen, wird auch er sicherer und – wohlwollend. Und das ist ja Ihr Ziel: zusammenzukommen. Untersuchungen an Universitäten haben gezeigt: Ob jemand eingestellt wird, hängt zu sechzig Prozent von Sympathie ab!

In der Phase des Abtastens sollten Sie alles versuchen, um ein schnelles »Nein« zu vermeiden. Denn sobald der andere auf Ja oder Nein entschieden hat, ist das Gespräch zu Ende. Bei einem Ja wird Sie das nicht stören. Aber ein schnelles Nein katapultiert Sie aus dem Rennen. Deshalb sollten Sie folgendes Ziel formulieren: »Ich will nicht, dass nach zwei Minuten ein Nein im Raum steht!«

Wie können Sie das erreichen? Indem Sie eine Zustimmungskette aufbauen. Tun Sie alles, damit

- Ihre Optik ein Ja auslöst,
- Ihre Körpersprache ein Ja auslöst,
- Ihr Stimme ein Ja auslöst und
- Ihre Aussagen ein Ja auslösen.

Lassen Sie sich nicht dazu verführen, gleich zu Beginn mit Ihren Vorstellungen herauszuplatzen – ohne zu wissen, was angesagt ist. Versuchen Sie selbst stattdessen erst einmal mehr Informationen über die Stelle zu bekommen, »Wo lagen bisher die Schwerpunkte? Was soll sich in Zukunft ändern?« Sie wissen doch: Wer fragt, führt. Und bekannt ist auch, dass wir in unserer Aufregung oft zu viel »plappern«. Antworten Sie auf Fragen präzise, geben Sie die gewünschten Informationen. Üben Sie es, Pausen aushalten zu können. Vertrauen Sie auf die Kraft Ihrer Argumente, lassen Sie sich nicht zum »Totquatschen« verleiten.

Wenn Sie Widerstand spüren, können Sie mit geschickter Gesprächsführung bestehende Zweifel ausräumen. Ein Beispiel: »Eigentlich wollten wir keine Mathematikerin für den Job ...« »Warum keine Mathematikerin?« Oder: »Wenn Sie sagen ..., was meinen Sie mit ...« Damit können Sie belegen, dass Sie den Zweifel ernst nehmen, er aber unbegründet ist. Wer allerdings zickig oder empfindlich reagiert, verliert.

Untersuchungen zeigen, dass viele positive Eindrücke durch eine einzige negative Information zerstört werden können. Der Bewerbungsexperte Heinz Knebel beschreibt in seinem Buch »Das Vorstellungsgespräch«, dass Personalleiter sich nach neun Tagen nur noch an negative Informationen erinnern. Folgende Merkmale führen insbesondere zu einer Bewertung:

1. Auftreten, Erscheinung
2. Lebendigkeit, Spontaneität
3. Zielstrebigkeit
4. Geistige Regsamkeit, sprachlicher Ausdruck
5. Teamfähigkeit
6. Fachliche Qualifikation

Berühmt durch ein Buch

»Darüber könnte ich ein Buch schreiben!« Kennen Sie diesen Spruch? Ich möchte Sie ermutigen: Tun Sie's. Es gibt kaum ein besseres Selbst-PR-Instrument. Der Kollege Alexander

Christiani führt in seinen Vorträgen eine witzige Parallele auf: Das Wort »Autorität« käme von »Autor«. Im Trainingsbereich ist auf jeden Fall etwas daran. In der Branche ist bekannt: Einen bestimmten Honorarsatz bekommt man erst, wenn man ein Sach-/Fachbuch geschrieben hat.

Haben Sie schon einmal eine Idee gehabt, vielleicht schon ein verstaubtes Konzept in der Schublade? Haben Sie aber nicht gewusst, wie Sie einen Verlag finden können oder wie das mit den Kosten ist? Überwinden Sie alle Aber und machen Sie sich ans Werk. Mit einem Buch in Ihrem Fachgebiet können Sie sich einen Ruf als Experte/Expertin schaffen. Sie haben die Möglichkeit, viele Menschen anzusprechen und wichtige Entscheider zu beeindrucken. Als Autor/in haben Sie beste Chancen, in der Presse oder in Funk und Fernsehen interviewt, zu Referaten auf Fachtagungen oder zu Podiumsdiskussionen eingeladen zu werden.

Als Hauptmotive fürs Bücherschreiben höre ich von meinen Klienten diese vier:

1. Image aufbauen
2. Sich verewigen
3. Die Welt verändern
4. Reich werden

Die ersten beiden Motive sind absolut erfolgversprechend. Vom dritten will ich Sie nicht abhalten, wenn's denn auch vielleicht nicht die ganze Welt ist, aber einzelne Menschen werden von Ihren Ausführungen profitieren. Zum vierten habe ich eine gute und eine schlechte Nachricht. Die schlechte: Nicht immer verdienen Sie mit dem Bücherschreiben richtig Geld. Zwar erhalten Autor/innen normalerweise ein garantiertes Honorar. Aber das kann Ihren Arbeitsaufwand in den wenigsten Fällen ausgleichen. Und die Hoffnung auf die Millionenauflage ist eher trügerisch (außer Sie versprechen solche Dinge wie dass die Käufer nach der Lektüre niemals sterben werden). Die meisten Bücher erscheinen in einer Erstauflage zwischen ein- und fünftausend Stück – und das war es dann meist auch schon.

So, jetzt zur guten Nachricht: Das alles heißt nicht, dass ein Buch Ihnen nicht helfen kann, Geld zu verdienen. Das kann es sehr wohl, indem Sie eben Ihr Image als Experte/Expertin stärken, indem Sie von neuen Kunden oder Auftraggebern »entdeckt« werden, indem Sie zu Vorträgen eingeladen werden oder dazu interviewt werden. Deshalb lohnt es sich, ein Buch zu schreiben: um sich bekannt zu machen (und ab dem fünften oder sechsten kann es dann ein ganz ordentliches Honorar geben).

Dazu kommt noch ein wunderbarer Nutzen: Sie werden persönlich vom Schreiben profitieren. Denn niemand lernt mehr von einem Buch als der, der es schreibt. In jedem Buch entwickeln wir uns weiter, erweitern wir unseren Horizont, lernen von anderen, klären unsere Gedanken, strukturieren Konzepte, werden schlicht noch besser.

Und jedes Buch, das wir schreiben, kann unser Leben verändern. Ich selbst bin wieder einmal das beste Beispiel. Nach Erscheinen meines Buches »Balancing« bekam ich erste Angebote für Vorträge, dann für Workshops. Und schließlich gab ich die ersten Seminare. Mein jetziger Beruf wäre ohne meine Bücher undenkbar. Und schon so manchen Klienten konnte ich darin unterstützen, ebenfalls mit einem Buch bekannt zu werden.

Von der Idee zum Konzept

Überlegen Sie doch mal konkret, worüber Sie ein Buch schreiben könnten? Was wissen Sie, was andere Leute interessieren könnte? Worüber haben Sie geforscht (Sie kennen doch den

Grundsatz in der Wissenschaft: »Publish or parish« – Publiziere oder verschwinde.)? Worin sind Sie Spezialist/in? Welche Ihrer Erfahrungen können anderen Menschen helfen?

Wenn Sie Ihre Buchidee skizziert haben, wird ein Konzept fällig. Ich kann Sie beruhigen: Kein Verlag erwartet, dass Sie beim ersten Kontakt sofort ein fertiges Manuskript vorlegen. Es reicht in der Regel, wenn Sie ein Exposé, auch Kurz-Outline genannt, vorlegen. Erst wenn ein Verlag ernsthaft Interesse hat, wird er mehr, beispielsweise ein Probekapitel, sehen wollen.

Ich habe bei Verlagen nachgefragt: »Was muss ein Autor/eine Autorin mitbringen, um bei Ihnen eine Chance zu bekommen?«

Die übereinstimmenden Antworten:

- Begeisterung für ein Thema.
- Die Fähigkeit, die Botschaft rüberzubringen.
- Eine gute Positionierung.
- Ein gutes Marketing.

Die Botschaft

Was wollen Sie in Ihrem Buch rüberbringen? Was ist das Neue, das Spektakuläre? Ein Tipp: Das Thema Karriereplanung an sich ist ziemlich abgegriffen, »Karriere auf dem Kriegspfad« klingt interessanter. Ihre »Verkaufe« muss noch nicht der endgültige Buchtitel sein, aber sie muss Neugier wecken.

Das Zielgruppenprofil

Kein Verlag macht Bücher, die nur eine Hand voll Leser interessiert (außer Sie bieten einen gewaltigen Druckkostenzuschuss an, um Ihre Eitelkeit zu befriedigen). Es ist also von Vorteil, wenn Sie die Käuferzielgruppe Ihres Buches möglichst präzise definieren können. Bei einem Buch über Gesundheits-Coaching beispielsweise: Heilpraktiker, Ärzte, gestresste Berufstätige, Manager, Personalleiter von Unternehmen ...

Ihre Positionierung
Warum kommen Sie mit diesem Thema jetzt? Machen Sie in Ihrem Konzept deutlich, warum nur Sie dieses Buch schreiben können. Was bringen Sie als Alleinstellungsmerkmal ein? Was unterscheidet Ihre Sichtweise, Ihre Ausbildung, Ihre Erfahrung von den Autoren ähnlicher Bücher oder von Berufskolleg/innen? Erstellen Sie Ihren speziellen Autoren-USP für dieses Buch.

Übrigens: Lassen Sie sich nicht von einer Buchidee abschrecken, nur weil schon viele ähnliche Bücher auf dem Markt angeboten werden. Das spricht eher für die Nachfrage! Einen neuen Aspekt sollten Sie allerdings schon anbieten können.

Ihr Marketing
Jedes Jahr kommen fast hunderttausend neue Bücher in Deutschland auf den Markt. Für mich ist es immer wieder ein Wunder, dass überhaupt jemand auf meine Bücher stößt. Das passiert allerdings eher selten deshalb, weil das Buch in den Buchhandlungen attraktiv präsentiert wird. Sondern es bedarf eines starken eigenen Marketings. Beschreiben Sie in Ihrem Konzept, wie Sie selbst den Verkauf »anheizen« werden, beispielsweise: »Ich trete im Jahr auf vierzig großen Veranstaltungen auf und werde die Bücher dort selbst verkaufen ...« Oder: »Das Unternehmen X hat mir zugesagt, zweitausend Exemplare für seine Kunden abzunehmen ...«

Vervollständigen Sie Ihr Konzept mit dem geplanten **Umfang** – die meisten Bücher haben zwischen hundertdreißig und zweihundertachtzig Seiten, je nachdem ob Hardcover oder Taschenbuch. Und machen Sie deutlich, bis wann Sie das Manuskript fertig gestellt haben können, nennen Sie einen **Abgabetermin.**

Dann heißt es, einen guten Sachbuch-**Verlag** zu finden. Am besten schauen Sie sich die Bücher an, die Sie zu Hause stehen haben: In welchen Verlagen sind sie erschienen, welcher Verlag dominiert Ihren Themenbereich und welcher erscheint Ihnen besonders sympathisch? Dann nur noch den Namen der zuständigen Lektorin erfragt (es sind tatsächlich meistens Frauen) und ab mit dem Konzept. Wie bei allem im Leben, gibt es auch hier keine Garantie. Aber wenn Ihr Konzept wirklich gut ist, sollten Sie nach einigen Versuchen Erfolg haben.

Effektiv bei Events

Man kann zu einer Veranstaltung (oder Neudeutsch eben Event) gehen und sich einfach vergnügen. Oder: Man kann zu einer Veranstaltung gehen, sich vergnügen *und* nützliche Kontakte knüpfen. Man kann auch nur deshalb zu einer Veranstaltung gehen, um Kontakte zu knüpfen. Alles ist möglich. Egal was Sie im Hinterkopf haben, eines sollten Sie immer dabeihaben: Visitenkarten – man glaubt ja gar nicht, wem man alles begegnen kann. Merken Sie, dass sich ein interessanter Kontakt anspinnt, fragen Sie nach dem Kärtchen des anderen und halten Sie Ihres bereit. Ein Tipp: Notieren Sie noch am selben Abend auf der Rückseite der eingetauschten Visitenkarten den Anlass des Treffens und ein Stichwort, das Ihre Erinnerung an die interessante Person wecken kann.

Ich habe festgestellt, dass sich die interessantesten Kontakte im halbprivaten Bereich ergeben. Auf einer Vernissage:

Man plaudert. Auf einer Party: Man erzählt von seiner Arbeit. Auf dem Sportfest der Kinder: Man erzählt ein Anekdötchen. Auf einer Geschäftseröffnung: Man tausch't's Kärtle. Und wenn man Glück hat, kommt ein paar Wochen später der Anruf: »Sie haben doch erzählt ... Wir suchen für nächstes Frühjahr für eine Kundenveranstaltung ...«

Hier ein par hilfreiche Tipps für Ihre Selbst-PR-Strategie bei Einladungen:

Sind Sie zum Essen an einer langen Tafel eingeladen und es gibt keine Sitzordnung? Dann setzen Sie sich möglichst in die Mitte der Längsseite des Tisches. So bekommen Sie die Chance, während des Essens Kontakt zu mindestens fünf Personen aufzubauen: zu der links und rechts von Ihnen sowie den drei gegenüber Sitzenden. So weit reicht in der Regel die Kommunikation, ohne brüllen zu müssen. Freuen Sie sich, wenn ein Buffet aufgebaut ist; beim Anstehen bekommen Sie Gelegenheit, mit weiteren Anwesenden zu plaudern.

Mein Tipp: Lästern Sie dabei niemals über den billigen Wein oder über den Gastgeber, es könnte sein, dass Sie direkt neben ihm stehen.

Trainieren Sie Ihr Namensgedächtnis. Arbeiten Sie mit Bildern und Assoziationen (Beckenbauer, Hufnagel, Sonne), oder bauen Sie sich andere Eselsbrücken: Jonza (der Name meiner Office-Managerin) kann man sich so merken: wie Monza (der Formel-1-Kurs) mit J. Ich selbst gebe bei neuen Bekanntschaften gern ein Bilderrätsel als Gedächtnisstütze: eine Spielkarte, ein chinesisches Brettspiel, eine große Kirche. Ganz einfach: As-go-dom.

Wir alle haben die Tendenz, uns mit denen zusammenzurotten, die wir schon kennen. Leider vergeben wir damit viele Möglichkeiten, neue interessante Menschen kennen zu lernen. Lösen Sie sich bewusst aus diesem Verhalten. Stellen Sie sich beim Cocktail zu Personen, die Ihnen interessant vorkommen, und sprechen Sie sie an: »Waren Sie schon einmal hier?« Sabine Mühlisch, Trainerin für Körpersprache aus Köln, erzählte mir einmal: »Mein Selbst-PR-Konzept: Ich bringe mich unters Volk. Das heißt, ich erzähle jedem Menschen, was ich tue. Ob beim Bäcker an der Ecke oder auf einer Einladung. Irgendwann kommt etwas zurück. Das ist besser als jede Akquise!«

Großer Saal, runde Einzeltische mit sechs bis acht Personen: Setzen Sie sich an den freien Platz eines Tisches, an dem lauter Leute sitzen, die Ihnen unbekannt sind. Stellen Sie sich vor und einen Bezug zum Gastgeber her: »Julian Hofmann, ich bin der Anwalt von Herrn Konsul Müller.« Schon haben Sie einen Ansatzpunkt zum Smalltalk – und mehr. Während einer meiner ersten Buchmessen war ich beim großen Econ-Abend im Hessischen Hof eingeladen. Am Eingang bekam ich den Hinweis, dass für mich ein Platz an Tisch B reserviert sei. Erst war ich enttäuscht, denn meine Lektorin und eine befreundete Autorin saßen ganz woanders. Dann ging ich aber brav zu meinem Platz – und erlebte einen hochvergnüglichen Abend. An meinem Tisch saß nämlich niemand Geringeres als Sir Peter Ustinov. Dazu lernte ich einen charmanten Verleger aus London, eine wundervolle Autorin aus Jerusalem und eine interessante Managerin einer großen Frankfurter Bank, Abteilung Weiterbildung, kennen.

Kontakte im Flugzeug oder im Zug: Ich finde, die meisten Reisenden hocken heute wie Schildkröten mit eingezogenem Kopf auf ihren Plätzen, die Ohren möglichst per Walkman verstöpselt, die Augen starr auf ihr Notebook geheftet.

Ich möchte Sie trotzdem ermutigen: Versuchen Sie mit Ihren Sitznachbarn ins Gespräch zu kommen. Ich habe schon die interessantesten Leute kennen gelernt, wenn ich den ersten Schritt gewagt habe. Auf einem Flug nach Hamburg etwa saß ich neben einer jungen Frau mit einem außergewöhnlich schönen Ring. Ich sprach sie auf dieses Schmuckstück an, und wir kamen ins Gespräch. Es stellte sich heraus, dass sie die bekannte Opern- und Musicalsängerin Anna Maria Kaufmann war (was ich Kulturbanausin nicht sofort erkannt hatte). Und sie interessierte sich für meine Bücher. Wir hielten lange Kontakt. Die holländische Managementtrainerin Henrieke Buijvoets verriet mir einmal, dass sie sich im Flugzeug immer einen Mittelplatz geben lässt: »Ich unterhalte mich gern, und so habe ich zwei Möglichkeiten, einen interessanten Gesprächspartner kennen zu lernen. Schon ein Satz wie ›Reisen Sie auch geschäftlich nach England?‹ genügt oft als Anstoß für ein interessantes Gespräch.« Am Schluss werden Visitenkarten getauscht. Und sie hat schon mehrmals erlebt, dass nach einem halben oder gar einem Jahr plötzlich ein Auftrag daraus erwuchs.

Geschickt in Gehaltsverhandlungen

Wenn Sie Ihre Vorgesetzten über längere Zeit hinweg immer wieder auf Ihre Leistungen aufmerksam gemacht und zum Lob verführt haben, können Sie an eine Gehaltserhöhung denken. Aber auch dann sollten Sie sich auf die Verhandlung gut vorbereiten:

1. Sie haben eine Liste mit Ihren außergewöhnlich guten Leistungen aus den vergangenen zwölf Monaten.
2. Sie haben Ihren Marktwert analysiert. Was bekommen andere in vergleichbaren Positionen in anderen Firmen?
3. Sie haben sich die Summe, die Sie in Zukunft verdienen wollen, auf einen Zettel geschrieben.
4. Sie haben Argumente, warum Sie – auch im Vergleich zu anderen Kollegen – diese Gehaltserhöhung verdient haben.

5. Sie haben Gegenargumente auf die gängigsten Abschmetterphrasen wie »Sie wissen doch, wie schlecht die Geschäftsaussichten momentan sind«, »Sie wissen doch, wie schlecht es der Branche momentan geht«, »Das kann ich beim Chef niemals durchsetzen«, »In der deutschen Wirtschaft werden in den nächsten Jahren noch mal fünfhunderttausend Arbeitsplätze verloren gehen«.

Wie immer die Abschmetterphasen in Ihrem Unternehmen heißen – und Sie können Gift darauf nehmen, dass sie kommen werden –, Ihre Gegenargumente müssen stehen. Sie müssen beweisen können, was Sie getan haben, um den Gewinn zu steigern (oder den Verlust niedriger zu halten, als er eh schon ist). Von Vorteil ist natürlich, wenn Sie dies mit Zahlen belegen können. Wenn nicht, weisen Sie darauf hin, welche zusätzlichen Aufgaben Sie übernommen haben oder wie viel Arbeit Sie Ihrem Chef/Ihrer Chefin zusätzlich abnehmen konnten.

Beginnen Sie das Gespräch mit einer Frage: »Wie finden Sie die Entwicklung meiner Leistungen?« Fragen Sie dann alle Bereich ab. (Bekommen Sie nur negatives Feedback, vergessen Sie Ihren Wunsch nach mehr Geld und biegen Sie das Gespräch um in ein Coaching. Das heißt, fragen Sie, wie Sie was besser machen können.)

Geschickterweise sprechen Sie mögliche Kontras selbst an, und zwar möglichst solche, die Sie sofort entkräften können. Ein Beispiel: Sie sind für Ihre Unpünktlichkeit bekannt und von Ihrem Chef/Ihrer Chefin schon ein paar Mal darauf angesprochen worden. Sie beginnen: »Was denken Sie eigentlich über meine Unpünktlichkeit?« Chef: »Dieses dauernde Zuspätkommen spricht nicht für Sie!« Sie kontern: »Ich verstehe das. Aber ich bin ein Kreativtyp, arbeite oft bis nachts. Erinnern Sie sich an das Projekt A? Damals kam die Idee um Mitternacht. Wie ist das Projekt beim Kunden angekommen?« Chefin:

»Ganz gut.« Sie: »Ich möchte kreativ und effektiv für Sie arbeiten, deshalb muss ich meinem eigenen Rhythmus folgen.« Erhalten Sie daraufhin ein positives Feedback, führen Sie das Gespräch weiter. »Sie sind mit meiner Arbeit zufrieden, die Kunden ebenfalls. Wie kann auch ich etwas davon haben?« Jetzt sind Sie da, wo Sie hinwollen, beim Geld. Sie haben die Summe, die Sie zukünftig verdienen wollen, aufgeschrieben. Legen Sie jetzt Ihren vorbereiteten Zettel auf den Tisch, und kreisen Sie die Summe ein: »Dies ist meine Gehaltsvorstellung.«

Während Ihr Verhandlungspartner tief durchatmet oder durch die Zähne pfeift, sollten Sie selbstbewusst weiterreden, damit die Summe nicht so bedrohlich im Raum stehen bleibt. Und vor allem: damit kein Platz für ein schnelles Nein ist. (Wenn er entspannt lächelt und nickt, wissen Sie: Sie haben zu wenig verlangt!!!)

Machen Sie deutlich, wodurch Sie so wertvoll für das Unternehmen sind, wie Sie zur Wertschöpfung beitragen. Sie können auch darauf hinweisen, dass Sie alles tun werden, um dem Unternehmen in diesen schwierigen Zeiten beizustehen, aber dass Sie mit einer monetären Anerkennung Ihrer Leistung natürlich noch wesentlich motivierter wären.

Es wäre naiv zu glauben, dass Ihnen die gewünschte Gehaltserhöhung spontan und freudig zugesagt wird. Meistens kann und darf Ihr Gesprächspartner gar nicht selbst entscheiden, sondern muss Ihren Wunsch »nach oben« weiterleiten. Sie sollten, wie gesagt, nur vermeiden, dass Sie sofort ein Nein kassieren.

Spüren Sie großen Widerstand, dann versuchen Sie die Entscheidung wenigstens offen zu halten, beispielsweise mit einem Hinweis wie: »Es scheint Ihnen auf den ersten Blick viel zu sein. Ich verstehe, dass Sie darüber nachdenken wollen. Wäre es okay für Sie, wenn Sie mir bis zum zwanzigsten dieses Monats Bescheid geben?«

Mein Tipp: Bevor Sie mehr Geld verlangen, überlegen Sie im stillen Kämmerlein, wie wichtig Ihnen die finanzielle Aufwertung ist und was Sie bereit sind zu riskieren. Denn wenn Sie gleich mit einem »Öh – war ja nur ein Versuch. Vergessen Sie's« klein beigeben, brauchen Sie sich so schnell – will heißen, die nächsten Jahre – nicht mehr zu rühren.

Ist Ihnen die Gehaltserhöhung aber so wichtig, dass Sie dafür kämpfen wollen, prüfen Sie vorab: Hätte ich mit meinem USP bei der derzeitigen Wirtschaftslage in anderen Unternehmen am Markt einen Alternativjob in Aussicht? Denn nur mit dieser Gewissheit können Sie im Gehaltspoker den letzten entscheidenden Zug machen: androhen, dass Sie sich bei ausbleibender finanzieller Anerkennung Ihrer Leistungen nach einer anderen Stelle umsehen werden.

Nur mit dieser Konsequenz sind Sie ein ernst zu nehmender Verhandlungspartner und kein lascher Papiertiger. Noch einmal ganz deutlich: Drohen Sie nur mit Kündigung, wenn Sie dazu wirklich bereit sind! Auch wenn wir glauben, wir seien unersetzlich – das ist meist ein schöner Wahn. Deshalb prüfen Sie vorher ernsthaft:

1. Wie unangefochten ist meine Stellung?
2. Was kann ich, was sonst niemand kann?
3. Wie einfach bin ich durch jemand anderen aus dem Unternehmen, aus der Branche zu ersetzen?
4. Was würde die Suche nach einem neuen Mitarbeiter und die Einarbeitung kosten?
5. Würde ich als Vorgesetzter diese Kosten in Kauf nehmen?

Beantworten Sie diese Fragen so kritisch wie möglich. Sonst haben Sie sich selbst aus dem Unternehmen herausgepokert, bevor Sie auch nur »Halt, war doch nur ein Witz« rufen können.

Gut gelaunt in Gesprächen

Lob und Anerkennung sind eine Holschuld. Wir können nicht erwarten, dass andere daran denken, uns zu motivieren (schade eigentlich – aber so isses nu mal). Mithilfe der Selbst-PR fällt es leichter, sich »Streicheleinheiten« abzuholen. Natürlich ist es selbstverständlich, dass Sie Ihr Bestes für die Firma geben (dafür werden Sie schließlich bezahlt) – aber trotzdem dürfen und sollen Sie auf Erfolge hinweisen.

Entwickeln Sie dafür Ihre eigene Strategie. Auf welche Leistung, welche Stärke wollen Sie im Gespräch mit Ihrem Chef/Ihrer Chefin hinweisen? Und welches Ziel streben Sie damit an? Mit welchen Themen und welchen Mitteln können Sie es erreichen?

Haben Sie erfolgreiche Abschlüsse getätigt oder einen großen Kunden an Land gezogen, dann bringen Sie dies im Gespräch mit den Vorgesetzten ruhig an. Ohne zu jammern, dürfen Sie auch durchaus darauf hinweisen, dass eine bestimmte Aufgabe außergewöhnlicher Anstrengung bedurfte.

Hier einige Möglichkeiten, wie Sie sich Lob abholen können, ohne aufzuschneiden:

- »Puh, das war ein harter Brocken. Aber stellen Sie sich vor, nach mehr als vier Wochen hat jetzt die Firma X endlich unsere Telefonkomplettanlage geordert. War doch gut, dass ich in der letzten Woche noch mal hingefahren bin.«
- »Ich wollte es Ihnen als Erstem sagen: Heute früh hat mir Frau Dr. Y zugesagt, dass wir den Bauauftrag bekommen!«
- »Nur gut, dass ich die Ablage vor einigen Wochen völlig umstrukturiert habe. Dadurch konnte ich Ihnen

die gewünschten Unterlagen doch schon heute zusammenstellen.«

🗩 »Die Reise nach Frankfurt hat sich gelohnt. Bei der Überprüfung der Verträge hat sich herausgestellt, dass unser Lizenzpartner uns um eine halbe Million Euro linken wollte.«

Ihr Chef müsste schon ein besonders sturer Wasserbüffel sein, wenn er darauf nicht ein »Haben Sie wirklich gut gemacht« folgen ließe.

Eine Variante der verbalen Selbst-PR ist ein schriftliches Memo, heutzutage am ehesten eine kurze E-Mail, die Sie den wichtigen Leuten in Ihrer Firma zukommen lassen und in dem Sie ebenfalls ganz sachlich auf den Erfolg für das Unternehmen (!) hinweisen – und ganz selbstverständlich auf Ihren Anteil daran. Wenn Sie ein besonders gutes Verhältnis zu einem Kunden haben, können Sie diesen auch dezent auffordern: »Wenn Sie zufrieden mit meiner Beratung sind, sagen Sie das doch mal dem Chef!«

Denken Sie immer daran: Anerkennung und Loyalität sind die zwei Seiten einer Medaille: der Wertschätzung. Und zwar zuerst einmal unserer Wertschätzung gegenüber anderen. Sie kennen vielleicht den Effekt: Wenn man einer misslaunigen Verkäuferin oder Bedienung freundlich entgegenkommt, entspannt sich oft deren böse Miene, man scherzt, lacht miteinander und die Atmosphäre lädt sich mit guter Stimmung auf. Setzen wir einer unfreundlichen Person hingegen unsere beleidigte Empörung entgegen, schaukelt sich miese Stimmung auf.

Wir sind für unser eigenes Handeln verantwortlich und deshalb können wir nur von uns aus etwas für eine gute Atmosphäre in Gesprächen tun. Zu erwarten, dass der andere anders sein müsste, bringt nichts. Indem wir Wertschätzung zeigen, legen wir die Grundlage für erfolgreiche Selbst-PR. Ob der andere darauf eingeht, hängt allerdings von seiner momentanen Stimmung ab. Ich habe jedoch immer wieder die Erfahrung gemacht, dass man mit entwaffnendem Charme (fast) jeden Gesprächspartner zum Lächeln bringen kann (und jeden skeptischen Seminarteilnehmer).

Eine Leserin der Erstauflage von »Eigenlob stimmt«, Christa Fellner, schilderte mir kürzlich in einer E-Mail folgenden Fall: Sie hatte einen Termin bei dem Vorgesetzten ihrer Vermittlerin vom Arbeitsamt, über die sie sich beschwert hatte. »Da ich bis dato nur schlechte Erfahrungen mit dem Arbeitsamt gemacht hatte (unfreundliche und teils respektlose Ansprache, keine Informationsweitergabe, Behandlung als Bittsteller), war ich total nervös vor dem Gespräch und spürte einen inneren Widerwillen. Dann erinnerte ich mich an Ihr Buch: ein gepflegtes Äußeres und eine positive Ausstrahlung sind wichtig. Also zog ich meine Businesskleidung an, schminkte mich dezent und übte ein freundliches Lächeln vor dem Spiegel. Als ich in das Büro des Vorgesetzten kam, spürte ich, dass er etwas genervt und angespannt war. Ich ließ mich nicht beirren und lächelte ihn an. In meiner anschließenden Schilderung der Vorfälle (›meine Vermittlerin demoralisiert mich häufig, anstatt meine Bemühungen um einen Job zu unterstützen und zu fördern‹) konnte ich ruhig bleiben und versuchte mich in die Lage des Vorgesetzten hineinzuversetzen. Bereits nach fünf Minuten hatte ich erreicht, was ich wollte: Der Abteilungsleiter lächelte mich ebenfalls an und war plötzlich viel umgänglicher.« In der folgenden Stunde (»So lange war ich noch *nie* im Arbeitsamt, die Wartezeiten mal ausgenommen.«) erklärte der Vorgesetzte Christa Fellner viele Möglichkeiten der Förderung – auch einer selbstständigen Tätigkeit – und der Weiterbildung. »Als ich nach diesem

Gespräch das Büro verließ, war ich überglücklich! Wir sind so verblieben, dass ich meiner Vermittlerin in einem Gespräch unter vier Augen sage, was mich an ihrer Art stört. Wenn sie nicht darauf eingeht, kann ich jederzeit zum Abteilungsleiter gehen und er wird mich einem anderen Vermittler zuteilen. Am Ende des Gesprächs versicherte mir der Vorgesetzte, dass ich mich bei Fragen und Auskünften jederzeit an ihn wenden könne und er mir gern weiterhilft!«

Auch in den Fällen, in denen Sie im Gespräch mit Vorgesetzten einen Fehler zugeben müssen, können Sie mit gelungener Selbst-PR noch Pluspunkte für sich rausholen. Sich für einen Fehler zu entschuldigen ist okay, aber dann sollten Sie sofort überlegen, wie Sie ihn wieder gutmachen können. Wie hören sich die beiden folgenden Variationen an?

Variante A: »Es tut mir Leid, ich konnte den Bericht nicht fertig schreiben, es war aber auch immer was los. Zwei Kolleginnen sind im Urlaub. Und dann ging noch der Computer kaputt. Außerdem, das wissen Sie doch, ist meine Tochter krank. Da konnte ich abends leider einfach nicht mehr so lange bleiben.« Blablabla. Da versucht eindeutig jemand verzweifelt, gleich mehrere Sündenböcke für sich zu finden.

Variante B: »Es tut mir Leid, dass der Bericht noch nicht fertig ist. Ich habe die Dringlichkeit unterschätzt. Ich bin aber schon so weit, dass ich es bis heute Abend um achtzehn Uhr schaffen kann. Reicht Ihnen das?«

Intelligent im Internet

Die Homepage ist heute eine der wichtigsten Selbst-PR-Mittel, die es gibt. Bei jeder zweiten Anfrage, die ich für einen Vortrag oder ein Seminar bekomme, heißt es: »Sie wurden uns empfohlen, ich habe gerade Ihre Internetseiten angeschaut. Die gefallen mir sehr gut. Können Sie uns ein Angebot zum Thema ... schicken?«

Die Homepage ist unsere virtuelle Visitenkarte. Und wie es mit Visitenkarten so ist: Natürlich sollte sie möglichst perfekt gestaltet sein, aber es ist schlimmer, gar keine Visitenkarten bei einem Event dabei zu haben als eine mittelgute. Viele Unternehmen haben grauenvolle Homepages, aber es wirkt immer noch professioneller, als gar nicht im Internet zu finden zu sein.

Viele Menschen scheuen sich vor den hohen Kosten. Meinen ersten Internetauftritt 1999 hat eine grafisch geschickte Frau im Erziehungsurlaub gebastelt, wir haben uns zusammengesetzt, haben ein paar Ideen aufgezeichnet, und danach hat sie die Seiten gebaut. Das hat zwar auch Geld gekostet, aber es war bezahlbar.

Zu diesem Zeitpunkt haben Kollegen von mir noch am Inhalt der sechstausend Pages gearbeitet, die sie unbedingt ins Netz stellen wollten, leider wurden sie mit diesem anspruchsvollen Projekt anderthalb Jahre lang nicht fertig und waren deshalb nicht zu finden.

Mit der Zeit stiegen meine Ansprüche an meine Homepage, wir entwickelten neue Ideen, was sich dort alles abspielen sollte, wurden interaktiver, aktueller; deshalb wechselten wir den Provider und die Firma, die uns technisch betreute. Die Kosten stiegen – aber allein mit zwei, drei Aufträgen, die ich der Site verdanke, sind diese Kosten leicht wieder drin!

Als Letztes haben wir die Corporate Identity, kurz CI, gestärkt, also das Erscheinungsbild von Internetseiten und Imagebroschüre in Übereinstimmung gebracht, und eine erfahrene Grafikerin beschäftigt. Das kostete zwar wieder, verstärkte aber den Wiedererkennungseffekt. Als Nächstes werde ich auf der Homepage ein Audioprogramm anbieten, ist etwas kompliziert, klappt noch nicht ganz, aber ich freue mich schon darauf.

Wenn Sie das Internet für Ihre Selbst-PR nutzen wollen, empfehle ich Ihnen:

- Fangen Sie lieber klein (einfach) an, als gar nicht im Netz zu sein. Sichern Sie sich eine Domain mit einem guten Namen, auch wenn es nicht immer so einfach sein wird wie mit Asgodom – den gibt es halt seltener als Maier, Müller, Schulze.
- Achten Sie darauf, dass die Seite nicht nur »spacig« gestaltet wird, das heißt, halten Sie sich von IT-Freaks fern. Nehmen Sie allein den praktischen Nutzwert für Ihre Zielgruppe als Maßstab. Die Site soll zu Ihnen passen, nicht zur neuesten Surfer-Mode (wenn Ihre Zielgruppe nicht gerade trendige Internetsurfer sind). Eine Site, auf der Ihr außergewöhnliches Angebot wunderschöner Teller zu sehen ist, nützt nichts, wenn es keinen Hinweis darauf gibt, wo man diese beziehen kann.
- Achten Sie auf eine leichte Bedienbarkeit, sprich gute Benutzerführung, und darauf, dass die Site von möglichst vielen Computern und auch mit älteren Navigationsprogrammen gelesen werden kann. Widersprechen Sie Ihren Systembetreuern, die meinen, dass diese anderen Menschen sich eben neue Computer kaufen müssten – es geht um Ihre Kunden!
- Zeigen Sie sich auf Ihrer Homepage mit einem gelungenen Foto, Leute wollen Sie ansehen können. Setzen Sie eine Vita dazu, berichten Sie über Ihre Erfolge. Denken Sie daran: Menschen kaufen Marken.
- Stellen Sie sicher, dass Ihre Adresse und Ihre Telefonnummer auf einen Blick zu sehen sind. Denn

manche Menschen schauen nur ins Netz, um Ihre Telefonnummer herauszufinden (und außerdem ist ein Impressum gesetzlich vorgeschrieben).

- Schaffen Sie Kommunikationsmöglichkeiten im Netz: Kontakt-Buttons, Gästebücher etc. Damit es nicht nur eine Anschauseite, sondern eine Dialogseite wird. Ich habe beispielsweise ein wöchentliches Notizbuch auf der meiner Homepage, in dem ich von meinen Erlebnissen, Gedanken etc. berichte. Ich bekomme immer wieder schönes Feedback dazu. Auf einer aktuellen News-Seite liefere ich in (meistens) regelmäßigen Abständen aktuelle Meldungen, Termine. Das ist schon Arbeit, keine Frage. Aber wenn es keinen »content«, keinen aktuellen Anlass gibt, ab und zu auf Ihre Hompage zu gehen, haben Sie wenig »traffic«.

Überlegen Sie auch, ob Sie nicht einen regelmäßigen E-Mail-Newsletter an Kunden und Zielgruppenmitglieder verschicken können. ASGODOM LIVE versorgt monatlich fast dreitausend Bezieher mit aktuellen Meldungen, Terminen und attraktiven Verlosungen. Wir schaffen damit eine gute Kundenbindung, machen auf unsere Seminarangebote aufmerksam und bleiben in Erinnerung. Das Schöne daran: Seit der Newsletter einmal eingerichtet ist, kostet er uns keine zwei Stunden Arbeit, und er hat einen super Effekt.

Lustig im Lift

Kennen Sie die Leute, die im Fahrstuhl lieber die Namensschilder neben den Knöpfen auswendig lernen, als den »Mitliftern« nur mal guten Tag zu sagen? Oder jene Zeitgenossen, die Löcher in die Fahrstuhldecke starren und die Schlitze des

Lüftungsgitters zählen? Es ist ein allzu bekanntes Phänomen: Treffen wir unseren Lieblingskollegen im Aufzug, sind wir um kein Gesprächsthema verlegen. Aber steht der Geschäftsführer oder ein Fremder neben uns, erstarren wir zur Salzsäule. Da hilft nur unsere Selbst-PR-Strategie. Vielleicht ist der Fremde ja unser neuer Abteilungsleiter? Vielleicht ist der Geschäftsführer gar nicht so humorlos, wie wir dachten? Selbst-PR heißt Kommunikation, das wissen Sie schon. Dazu gehört auch die Kommunikation »unterwegs« – im Lift, auf dem Flur, auf dem Weg zur Kantine, in der Parkgarage. Trainieren Sie Ihre Blitzkommunikation. Der Spruch kann gar nicht platt genug sein, um nicht eine Verbindung zu anderen Menschen aufzubauen. »Sauwetter« reicht schon, um zu erreichen, dass der andere Sie anschaut und nickt. Aus zwei Fremden werden Bekannte.

Jetzt können Sie nachlegen: »Sind Sie nicht die neue Marketingleitern?« Sie nickt. »Ich bin Gerhard Meier, Trainee in der Geschäftsführung. Freut mich, Sie kennen zu lernen.« Ping, sechster Stock, aussteigen. Ergebnis: Die Marketingleitern kennt Sie, wird Ihnen in Zukunft fröhlich zunicken, wenn Sie sich treffen. Ihre Kollegen werden fragen: »Woher kennst du denn die?« Das aber bleibt Ihr Liftgeheimnis.

Vielleicht kennen Sie den Ausdruck »Elevator Pitch«? In dieser Übung lernen Sie, innerhalb von zwanzig Sekunden (so lange dauert im Schnitt die Fahrt vom ersten bis zum dreißigsten Stockwerk) zu sagen:

- Wer Sie sind,
- was Sie können und
- was Sie vorhaben.

Also zum Beispiel: »Ich bin Liane Müller, Expertin für Kundenbeschwerden hier im Haus. Meine Herausforderung sind schwierige Kunden am Telefon, und ich möchte die Zufriedenheitsrate noch weiter steigern.«

Oder: »Franz Maier. Ich bin Gruppenleiter in der Kreditrevision, und wir sind gerade dabei, die Vorgaben von Basel II umzusetzen.«

Ich empfehle Ihnen sehr, sich Ihren Elevator Pitch zu erarbeiten. Er sollte so gut sitzen, dass man Sie nachts um drei wecken kann und Sie wie aus der Pistole geschossen sagen: »Ich bin ...« Es wäre doch zu schade, wenn Sie eine gute Chance verpassen, nur weil Sie zwanzig Sekunden lang nur Ähs und Ähms stottern.

Ich erinnere mich noch an meine Zeit bei der *Cosmopolitan*. Die Redaktion befindet sich im selben Haus wie die Unternehmensberatung Roland Berger. Und beide benutzen dieselben Aufzüge. Die gegenseitigen Vorurteile der Liftbenutzer saßen tief: Wir hielten die Bergers aus dem dritten Stock allgemein für ziemliche Lackaffen. Und die wiederum sprachen von den »Zicken« aus dem siebten Stock.

Witzig war: Wenn Einzelne von uns mit Einzelexemplaren der Unternehmensberater im Lift ins Gespräch kamen, stellten wir fest, dass die eigentlich doch recht nett waren. Es soll sogar Bergers gegeben haben, die extra eine Runde in den siebten Stock »mitgefahren« sind, weil man so nett plauderte.

Also: Brechen Sie die Liftstille. Nutzen Sie die paar Sekunden, die Sie zur Verfügung haben. Pflegen Sie Kontakte, machen Sie einen guten Eindruck, lachen Sie gemeinsam. Unser größter Lachhit, wenn ein Rudel »Cosmo-Girls« und eine Gruppe »Bergers« im Aufzug aufeinander trafen: Eine Kollegin rief: »Dritter Stock, Damenoberbekleidung, Dessous«, und alle grinsten. Albern, nicht? Aber wer miteinander lacht, kommt besser miteinander aus.

Ein witziger Smalltalk verlangt Schlagfertigkeit. Wie kann man die trainieren? Die Münchner Psycholinguistin Siegrid

Patz erklärte mir: »Schlagfertig werden Sie, indem Sie sagen, was Ihnen auf der Zunge liegt. Wir werden nur zum Stockfisch, wenn wir das Spontane herunterschlucken, weil wir Angst haben.« Und diese Angst rührt daher, dass wir andere Menschen höher einschätzen als uns selbst. Setzen wir uns gedanklich auf die gleiche Ebene, gibt es keinen Grund, nicht freundlich zueinander zu sein!

Kommunikativ auf Kongressen

Es gibt keine bessere Möglichkeit, sich einen Namen in der Branche zu machen, als auf Kongressen und Symposien – wenn Sie die Regeln der Selbst-PR beherzigen:

- Recherchieren Sie rechtzeitig: Wo finden Kongresse statt, auf denen Sie einerseits Ihrer Zielgruppe über den Weg laufen und andererseits auf sich aufmerksam machen könnten? Besorgen Sie sich die Programme: In welchem Workshop könnten Sie Ihr Wissen einbringen? Welche Referent/innen treten auf? Wer leitet die Workshops? Wen wollten Sie schon immer mal erleben?
- Studieren Sie die Tagungsunterlagen sorgfältig. Vor allem die Teilnehmerliste: Wen kennen Sie, wen wollen Sie kennen lernen? Streichen Sie die wichtigsten Leute an. Dann fällt es Ihnen leichter, schon am Namensschild zu erkennen: Ach, das ist doch die Vertreterin der Carl-Duisberg-Gesellschaft oder der Verkaufsleiter von DaimlerChrysler. Nutzen Sie die Kaffee- und die Mittagspausen zum Smalltalk, nehmen Sie am Get-Together und an Visitenkartenpartys teil.

- Seien Sie etwa eine Viertelstunde vor Beginn in Ihrer Arbeitsgruppe. Wenn Sie früher kommen, stören Sie vielleicht den Referenten/die Referentin bei der Vorbereitung, kommen Sie erst kurz vor knapp, bekommen Sie den schlechtesten Platz hinten in der Ecke. Die Viertelstunde können Sie nutzen, um sich dem Referenten vorzustellen und schon mal erste Kontakte zu anderen Teilnehmern zu knüpfen.
- Bereiten Sie sich auf die Themen von Arbeitsgruppen und Plenumsdiskussionen vor: Zu welcher Frage habe ich besondere Kenntnisse? Wo kann ich mich mit meiner Erfahrung profilieren? Bereiten Sie sich am besten schriftlich vor. Schreiben Sie ein Thesenpapier oder einen Fragenkatalog auf. Zeigen Sie Ihre Sachkompetenz durch konstruktive Vorschläge.
- Findet die Diskussion im großen Plenum von einigen hundert Leuten statt, dann stehen Sie bei Ihren Redebeiträgen am besten auf und nennen Sie zu Beginn laut und deutlich Ihren Namen und Ihre Funktion. Steht ein Saalmikrofon zur Verfügung, warten Sie, bis Sie es bekommen haben, damit nicht die Hälfte Ihres Beitrags untergeht.
- Oft wird in Arbeitsgruppen ein Berichterstatter gesucht, der die Gruppenergebnisse anschließend im Plenum vorstellt. Ich erlebe immer wieder, wie sich am Anfang meiner Workshops die Teilnehmer/innen ducken, wenn ich eine(n) bitte, diese Aufgabe zu übernehmen. Ich nenne das schon die »Scheitelfrage«: Sobald die Frage gestellt wird, sieht man nur noch Scheitel. Ich bin dazu übergegangen, dies jetzt immer erst am Schluss zu tun. Denn wenn die Teilnehmer/innen die Regeln der Selbst-PR einmal begriffen haben, melden sich gleich mehrere für diesen Job.

Ich kann Ihnen nur raten: Übernehmen Sie auf Kongressen so häufig wie möglich solche Aufgaben wie Diskussionsleitung, Berichterstattung, Teilnahme an Abschlussdiskussionen. Sie können sich dadurch gleichzeitig trainieren und profilieren. Sie bekommen nämlich die Möglichkeit, sich zusammen mit den Inhalten der Arbeitsgruppe selbst zu präsentieren – vor Ihrem Zielpublikum, vor den wichtigen Leuten aus Ihrer Branche, vor potenziellen Arbeit- oder Auftraggebern.

Vom amerikanischen Expräsidenten Gerald Ford stammt das Zitat: »Könnte ich noch einmal zur Universität gehen, würde ich mich auf zwei Ziele konzentrieren: schreiben und reden lernen, also zu lernen, vor Publikum zu sprechen. Es gibt nichts Wichtigeres im Leben als die Fähigkeit, effizient zu kommunizieren.«

Überlegen Sie, ob Sie sich für künftige Kongresse als Referent oder als Workshopleiter anbieten können. Welche aktuellen Themen können Sie dafür vorschlagen? Welcher Anknüpfungspunkt ergibt sich aus dem letzten Kongress? Finden Sie Argumente, warum Sie dieses Thema am besten präsentieren können. Versuchen Sie herauszubekommen, wer die nächste Tagung organisiert, und schicken Sie ihm oder ihr einen Themenentwurf. Nach meiner Erfahrung sind die Organisatoren froh um solche Anregungen.

Noch ein Tipp: Auch wenn es etwas teurer ist als die Pension oder das Hotel am Stadtrand, wo Sie Firmenrabatt bekommen – wohnen Sie möglichst in dem Hotel, in dem der Kongress abgehalten wird. Denn hier sind die Referent/innen und die wichtigsten Teilnehmer/innen untergebracht. Beim Frühstück, beim Absacker an der Hotelbar und sogar beim Auschecken an der Rezeption können sich gute Kontakte ergeben.

Zu Beginn eines Workshops im Rahmen eines großen Kongresses fragte ich die Teilnehmerinnen: »Wie viele neue Bekanntschaften haben Sie während der letzten beiden Tage gemacht?« Eine Frau hatte fünf interessante Leute kennen gelernt – und Visitenkärtchen getauscht. Eine Teilnehmerin konnte von drei Kontakten berichten. Fünf Frauen hatten gerade mal eine neue Bekanntschaft gemacht. Und drei Teilnehmerinnen, junge Frauen aus derselben Firma, hatten niemand Neues kennen gelernt: Sie waren gemeinsam angereist und hatten stets zusammengesessen.

»Ich wüsste aber auch nicht, was ich sagen sollte«, bekannte eine von ihnen. Und so übten wir reihum die allereinfachsten »Andocksätze« wie: »Wie gefällt Ihnen dieser Kongress?« oder »Wie sind Sie denn angereist?«, oder »Haben Sie auch so eine tolle Aussicht auf den Fluss? Oder wohin schauen Sie aus Ihrem Hotelfenster?«, oder »Welche Workshops haben Sie schon besucht?« Das Wichtigste dabei: die Frage möglichst so stellen, dass sie nicht einfach mit »Ja«, »Nein« oder »Hm« beantwortet werden kann, sondern dass man wirklich ins Gespräch kommt.

Als »Hausaufgabe« bekamen die Teilnehmerinnen dann die Order, in der Mittagspause mindestens einen neuen Menschen anzusprechen und kennen zu lernen. Die anderen Trainer und Referent/innen, mit denen ich mittags an einem Tisch saß, wunderten sich nicht schlecht, als eine Frau nach der anderen zu uns an den Tisch trat und fröhlich meldete: »Aufgabe erledigt!«

Apropos fröhlich. Setzen Sie auf Humor, wenn Sie jemanden kennen lernen wollen. »Lachen ist der direkteste Weg zwischen zwei Personen.« Dieser Satz stammt von Victor Borge. Und das sind keine Klischees: Lachen öffnet Herzen. Wer lacht, lernt besser. Mit wem man zusammen gelacht hat, den wird man nicht so schnell vergessen.

Und: Wer uns zum Lachen bringt, dem sind wir dankbar. Nicht umsonst beschäftigen sich mehrere Märchen mit diesem Thema. »Wer meine Tochter zum Lachen bringt, dem werde ich ihre Hand und mein Königreich übergeben.« So heißt es beispielsweise in dem Märchen von der goldenen Gans. Lachen ist ein Schatz: Verschenken Sie ihn großzügig – und Sie werden sehr viel zurückbekommen.

Meisterhaft auf Messen

Buchmesse Frankfurt: Ich komme an den Stand eines europäischen Verlags, der Managementliteratur herausgibt, stehe vor den Regalen mit den ausgestellten Büchern, blättere in dem einen oder anderen, sehe mich um, warte, dass mich jemand von der Standbesetzung anspricht.

Aber Pustekuchen. Zwei junge Herren, durch ihr Namensschildchen als Repräsentanten des Verlags kenntlich gemacht, blicken geflissentlich an mir vorbei und unterhalten sich. Eine junge Dame sitzt müde auf einer Bank, massiert sich ihren linken Fuß, eine andere raucht gerade eine Zigarette.

Nach einigen Minuten tritt ein anderer Messebesucher neben mich, nimmt ebenfalls ein Buch aus dem Regal. Gelangweilt tritt eines der Bürschchen auf ihn zu und fragt nach seinen Wünschen. Mich übersieht er weiterhin. Mir wird das zu blöd, ich gehe.

Ich besuchte den Stand als eine Journalistin, die Interesse hatte, das eine oder andere Buch zu rezensieren. Ich hätte aber auch eine amerikanische Verlagsvertreterin sein können, die Lizenzen kaufen wollte, oder eine Autorin, die ihren nächsten Bestseller diesem Verlag anbieten wollte. Vertane Chancen für den Verlag.

Manche Leute lieben Messen. Ich gehöre dazu. Ich mag das Gewurle und den Lärm, die Menschenmassen und all die Show und die Action. Ich weiß, dass andere Leute Messen hassen. Und ich finde, das merkt man ihnen an. Vielleicht wären sie mit mehr Engagement bei der Sache, wenn sie bedächten, dass sie auf Messen nicht nur ihr Unternehmen repräsentieren, sondern auch sich selbst als Experten/Expertin.

So können Sie auf Messen Selbst-PR betreiben:

- Sehen Sie die Besucher Ihres Messestands nicht als Störer, sondern als potenzielle Kunden oder Arbeitgeber an. Durch Ihr überzeugendes Auftreten machen Sie Pluspunkte für sich selbst.
- Bereiten Sie Ihre Unterlagen sorgfältig vor. Und statten Sie sie mit Ihrem Namen und Ihrer Telefonnummer aus.
- Besuchen Sie zwischendurch die Stände Ihrer Konkurrenz und Ihrer Kunden. Sagen Sie einfach mal hallo, stellen Sie sich vor, loben Sie ein bisschen. Tauschen Sie am Ende Visitenkarten aus.
- Nutzen Sie das Networking am Abend: Gehen Sie zum Ausstellerumtrunk, verabreden Sie sich mit den Kollegen vom Nachbarstand. Vielleicht treffen Sie dort Ihren neuen Chef, Ihre neuen Kollegen, einen neuen Kunden?
- Gibt es ein Begleitprogramm mit Podiumsdiskussionen oder Symposien? Bei wenigstens einer Veranstaltung sollten Sie – natürlich als Vertreter/in Ihres Unternehmens – dabei sein, möglichst auf dem Podium, aber auf jeden Fall mit einem qualifizierten Diskussionsbeitrag, vor dem Sie deutlich Ihren Namen und Ihre Funktion nennen.

Ich komme nach jeder Messe mit Dutzenden neuer Visitenkarten ins Büro zurück. Frau Jonza lacht schon jedes Mal, wenn ich die Papierchen aus allen Taschen zusammensuche. Ich notiere eine kleine Gedächtnisstütze auf den Cards der neuen Bekannten und sortiere sie dann ganz altmodisch in ein blaues Kästchen ein. Manche brauche ich vielleicht tatsächlich nie wieder. Aber manchmal klingelt das Telefon, Frau Jonza geht ran, jemand meldet sich mit Namen, sie flüstert ihn mir mit fragendem Blick zu, ich blättere kurz in meinem Kästchen und begrüße den Anrufer mit »Ah, Herr Maier, wie laufen die Geschäfte in Gütersloh?«

»Sie erinnern sich an mich?«

»Aber natürlich, wir haben uns doch auf der Buchmesse getroffen, oder?«

Very impressing, very, very!

Munter in Meetings

Es ist unfassbar, wie wenige Menschen Konferenzen im Unternehmen für die Selbst-PR nutzen. Denn dort werden Pläne entwickelt und Aufgaben verteilt, dort besteht die Chance, Ideen vorzutragen und durchzusetzen, konstruktive Kritik zu üben und zu zeigen, was für ein »helles Köpfchen« man ist. Im Prinzip ist jedes Meeting eine Arbeit Bewerbungsgespräch.

Aber was tun die meisten, die dieses Mittel der Selbst-PR noch nicht beherrschen? Sie kommen zu spät, quetschen sich auf einen Stuhl in der zweiten Reihe. Sie haben sich vielleicht sogar vorgenommen, etwas zu sagen – nur leider ergibt sich nie die Möglichkeit. Wenn das Meeting beendet ist, sind sie ehrlich gesagt froh, dass sie nicht angesprochen wurden. Welch eine Verschwendung von Möglichkeiten!

Wollen Sie aktiv Selbst-PR betreiben, sollten Sie als Erstes klären: Werden Sie zu den wirklich wichtigen Meetings in Ihrer Abteilung, Ihrem Unternehmen eingeladen? Wenn nicht, wie könnten Sie das erreichen? Mit wem können Sie darüber sprechen – wer hat die Macht, Sie einzuladen?

Die Voraussetzung: gute Recherche. Nur wenn Sie wissen, was in Ihrer Firma vor sich geht, nur wenn Sie mit den Themen vertraut sind, können Sie deutlich machen, dass Sie interessante Fakten oder Vorschläge dazu beisteuern könnten.

Schreiben Sie doch gleich mal auf: Welche Themen sind in Ihrem Unternehmen aktuell, in die Sie sich einklinken könnten? Wo sehen Sie Handlungsbedarf und haben ein paar gute Ideen dazu?

In welchem Meeting sitzen die wirklich wichtigen Leute zusammen? In welche Projektgruppe sollten Sie mit hinein? Welche einflussreichen Menschen in Ihrer Firma können Ihnen dabei helfen? Wen müssen Sie überzeugen?

Aber dabei sein allein reicht noch nicht. Was können Sie tun, um positive Aufmerksamkeit zu erringen, Ihr »Exposure« zu verbessern? Hier einige praktische Tipps:

- Seien Sie lieber zu früh als zu spät im Konferenzraum. So haben Sie Zeit, mit anderen Anwesenden zu plaudern und sich Unbekannten vorzustellen. Und zwar nicht mit einem vernuschelten »Äh, ich bin die aus der Buchhaltung«, sondern deutlich mit Ihrem Namen und Ihrer genauen Funktion. So können Sie schon jetzt deutlich machen, aufgrund welcher Fachkompetenz Sie an der Sitzung teilnehmen.
- Suchen Sie sich einen Sitzplatz neben den »Mächtigen«! Auf die wird erfahrungsgemäß häufig geschaut. Sie erreichen also in deren »Windschatten« einen höheren Aufmerksamkeitswert bei Ihren Diskussionsbeiträgen.

Aber passen Sie auf, ob es »Stammplätze« gibt. Wenn Sie diese unvorsichtigerweise einnehmen, können Sie sich schnell einen Feind schaffen.

- Bereiten Sie sich sorgfältig auf das Meeting vor. Finden Sie heraus, was auf der Tagesordnung steht. Halten Sie vorher schriftlich für sich fest, was Sie zu dem einen oder anderen Thema beitragen können. Besorgen Sie eine Statistik zu diesem Punkt oder eine wissenschaftliche Untersuchung, aktuelle Umfrageergebnisse, ein Zitat oder die neuesten Zahlen aus der Buchhaltung. Vertrauen Sie gerade als Selbst-PR-Anfänger/in nicht auf spontane Diskussionsbeiträge. Allzu schnell ist das Meeting vorbei, und Sie wollten doch eigentlich ...
- Wenn Sie sehr schüchtern sind und sich selbst überlisten müssen: Kündigen Sie vorher dem Moderator an, dass Sie zu diesem oder jenem Punkt etwas sagen wollen. Wenn Sie Glück haben, erinnert er sich daran und fordert Sie auf, Ihren Punkt vorzubringen.

Möchten Sie auf den Redebeitrag eines anderen etwas spontan erwidern, notieren Sie sich das Stichwort, damit Sie später noch wissen, wozu Sie sich gemeldet haben.

- In einer sehr großen Runde sollten Sie aufstehen, wenn Sie einen längeren Redebeitrag liefern wollen. Wer Sie sieht, wird Ihnen auch zuhören.
- Achten Sie auf Ihre Wortwahl. Denn unbedachte Floskeln können die Wirkung Ihrer Aussage zunichte machen. Sagen Sie: »Ich schlage vor ...«, »Ich möchte ...«, »Ich stelle den Antrag ...« und nicht »Sollten wir nicht ...?« oder »Man könnte doch mal ...« Setzen Sie kein Fragezeichen an den Schluss, sondern ein Ausrufezeichen! Sonst nimmt niemand Ihre Anregungen ernst.

◻ Haben Sie eine Überzeugung? Dann machen Sie sie deutlich! Und schwächen Sie Ihre Ideen nicht selbst ab mit Formeln wie »Ich denke, wir könnten doch mal ...« oder »Eigentlich finde ich ...« Merken Sie, wie sich der Sprecher durch solche Formulierungen gleich wieder einen Schritt zurückzieht? Unterschwellig signalisiert er oder sie: »Also, ich sag das nur mal so. Also, wenn ihr das blöd findet, vergesst es gleich wieder. Ich hab's ja nicht so gemeint.«
Wer sollte jemanden bei dieser unterschwelligen Botschaft ernst nehmen, wer sollte seine Wünsche akzeptieren, wer seine guten Ideen anerkennen? Gerade Frauen verstecken sich oft hinter solchen windelweichen Satzaussagen. Und wundern sich, wenn wenig später ein Mann ihre Idee aufgreift und donnernden Applaus dafür erhält.

◻ Falls Sie einen Plan, eine ausgearbeitete Idee, einen konkreten Vorschlag, eine Planungsskizze in das Treffen mitbringen, sollten Sie einige Kopien für die anderen Teilnehmer/innen vorbereitet haben. Wenn Sie merken, dass Ihre Idee Interesse findet, können Sie Ihre Unterlagen dann schnell verteilen. Vergessen Sie aber bloß nicht, oben auf die Seiten Ihren Namen zu schreiben!

◻ Bilden Sie Interessengemeinschaften mit Kolleg/innen. Gemeinsam können Sie vor der Sitzung eine Strategie entwickeln, wie Sie gegenseitig auf sich aufmerksam machen, beispielsweise mit einem: »Herr X hat dazu einen ganz interessanten Vorschlag zu machen.« Oder: »Ich fand das sehr wichtig, was Frau Y dazu gesagt hat. Wie haben Sie das gemeint, Frau Y?« Auch wenn Ihnen das anfangs etwas albern erscheint, probieren Sie es aus. Sie werden sehen, es funktioniert.

🗆 Ducken Sie sich nicht, wenn Projektgruppen gebildet werden. Wenn Sie spüren, dass diese Gruppe eine Chance zur Profilierung bietet, sollten Sie dabei sein.

Präsent in der Presse

Sie haben eine Palette möglicher Themen, die für die Presse interessant sein könnten – denken Sie nur an Ihren Zwölf-Themen-Plan –, aber wie bringen Sie diese jetzt an den Mann oder an die Frau? Es gibt grob sortiert drei Möglichkeiten:

1. Sie rufen in einer Redaktion oder bei einem freien Journalisten, einer Journalistin an und bieten Ihr Thema an.
2. Sie schreiben eine Pressemitteilung und schicken sie, versehen mit einem Anschreiben oder per E-Mail, an eine Redaktion oder einen Journalisten.
3. Sie schicken eine Einladung zu einem Event oder bieten ein Interview zu einem Thema an.

Das Telefon ist für die gezielte Pressearbeit das Kontaktmedium Nummer eins. Es scheint einfach – ein Anruf, eine kurze Anfrage in einer Redaktion: »Haben Sie Interesse daran, über mich, mein Unternehmen, mein Produkt, meine Dienstleistung zu berichten?« Doch auch hier kommt es auf die richtige Selbst-PR-Strategie an. Sonst fallen Sie schon durch, bevor Sie überhaupt zum Wesentlichen gekommen sind. Zwei Beispiele, um zu verdeutlichen, was ich meine.

Beispiel 1: Das Telefon klingelt. Ich hebe ab, nenne meinen Namen. Der Anrufer, ein Mann, sprudelt los: Er habe eine neue Computersoftware entwickelt, aber die großen Firmen boykottierten ihn; Leuten vom *Stern* habe er die Geschichte schon angeboten, die blockten aber; die Software sei ganz sensationell, vor allem für Freiberufler; wir müssen einfach etwas über seine geniale Entwicklung schreiben. »Wenn Sie die Software erst einmal getestet haben, werden Sie nicht umhinkönnen ...« Oh, ich kann umhin, mein Junge, und zwar wie!

Beispiel 2: Ich nenne meinen Namen. Eine Trainerin ist am Apparat: Sie gebe Rhetorikkurse für Frauen, und zwar nach einem ganz tollen System, das aus Amerika komme, und sie habe Germanistik und Sozialwissenschaften studiert und in München bei einem Trainerinstitut eine Ausbildung gemacht; außerdem sei sie Reiki-Lehrerin; und heute komme man ja nicht mehr umhin, auch die Esoterik ins Management zu bringen; denn sie trainiere vor allem Managerinnen, und da stelle sie immer wieder fest ... No, sorry, Feierabend!

Solche Kalaschnikow-Anrufer sind der Albtraum aller Journalist/innen. Früher hielt ich Leute, die mir rücksichtslos die Ohren vollquatschten, für größenwahnsinnige Spinner. Heute weiß ich, dass die meisten ganz einfach Angst haben. Zitternd haben sie die Telefonnummer gewählt, angstvoll lauschen sie auf das Klingeln, um dann im Schweinsgalopp über ihre Angst »hinwegzureden«. Was leider nicht funktioniert. Hier ein paar Hinweise, wie Sie souverän einen guten Kontakt zur Presse herstellen:

Gehör verschaffen mit der 4-A-Methode

1. Anklopfen
Bevor Sie anrufen, überlegen Sie bitte, in welche Gesprächssituation Sie kommen: Der Journalist sitzt am Schreibtisch, den Kopf wahrscheinlich tief in einer anderen Arbeit. Er steht

vielleicht unter fürchterlichem Zeitdruck: Für die Konferenz müssen noch Themen gefunden werden, eine Geschichte muss weg, eine Recherche muss ganz schnell her, eine Korrektur hat allerletzten Termin.

Fragen Sie daher immer (!) als Erstes: »Haben Sie eine Minuten Zeit für mich?« (Bei mir gewinnen Sie allein schon durch diese Frage einen Bonuspunkt!) Wenn Sie auf diese Frage ein »Tut mir Leid, bin im absoluten Überstress« bekommen, stellen Sie die Zauberfrage: »Was schlagen Sie vor?« Mit hoher Wahrscheinlichkeit bekommen Sie einen Telefontermin.

2. Anknüpfen

Überlegen Sie ebenfalls vorher: Welchen Anknüpfungspunkt finde ich für mein Gespräch? Also, wie schaffe ich schnell eine »Brücke« zu meinem Gegenüber? Ungeeignet ist dafür der ichbezogene Ansatz: »Ich will einen Artikel.« Sie haben viel größere Chancen, wenn Sie den Positionswechsel in die Situation Ihrer Ansprechpartner schaffen: Was brauchen sie? Wo stehen sie? Wie denken sie?

Wollen Sie diplomatisch geschickter vorgehen, können Ihre gelungenen Selbst-PR-Anknüpfungssätze heißen: »Ich habe Ihre hervorragende Geschichte über ... gelesen und dachte mir, dass Sie ergänzende Informationen zu diesem Thema interessieren würden.« Oder: »Ich lese Ihren Wirtschaftsteil mit besonderem Interesse. Vor allem die Unternehmensprofile. Und ich wollte Sie fragen, ob Sie Interesse an ... haben.« Oder: »Ihr Bericht über Change Management war hochinteressant. Ich habe dazu eigene Erfahrungen in Unternehmen gemacht, die sich vielleicht ebenfalls für eine Geschichte eignen würden ...« Ich schwöre Ihnen, da werden die Kolleg/innen die Ohren spitzen.

Journalisten brauchen Nachrichtenstoff. Sie müssen jeden Tag, jede Woche oder jeden Monat aufs Neue die leeren Seiten füllen oder ihr Programm gestalten. Sie sollen ihre Leser, Zuschauer oder Zuhörer informieren und amüsieren. Sie wollen sich vor ihren Vorgesetzten profilieren. Also ist es am gescheitesten, wenn Sie Ihren Anknüpfungspunkt in der Arbeitssituation von Journalisten suchen.

Vorsicht vor Publikumsbeschimpfungen nach dem Motto: »Nie berichten Sie über ...« Oder: »In Ihrem gestrigen Artikel steht ja nur Blödsinn. Ich sage Ihnen jetzt mal, wie ...« Oder: »Alles Quatsch, was Sie über ... geschrieben haben. Bringen Sie mal einen Bericht über mich.« Natürlich können Sie so Ihre Verärgerung loswerden. Und vielleicht war die Geschichte, die Sendung tatsächlich total missglückt. Aber es kann Ihnen passieren, dass so Ihre PR-Chancen auf null sinken. (Mit zwei Ausnahmen: Sie sind der größte Anzeigenkunde des Blattes oder des Senders, dann können Sie sich meistens – leider – eine ganze Menge erlauben. Oder: Der Kollege, den Sie anrufen, fand den Beitrag selbst unterirdisch und freut sich, der Geschichte mit Ihrer Hilfe eine andere Wendung zu geben.)

Sie wundern sich jetzt vielleicht über den übervorsichtigen Ausdrucksstil? Das passt gar nicht zur sonstigen eher forschen Selbst-PR-Strategie? Ich möchte Ihnen das aus meiner Insidersicht erklären: Journalisten sind sehr sensibel, wenn ihnen eine Geschichte »aufs Auge gedrückt« werden soll. Sie sind einerseits dankbar für verwertbare Informationen, aber sie möchten letztendlich selbst entscheiden, worüber sie berichten. Deshalb kann ich Ihnen nur empfehlen: Finden Sie den richtigen Weg zwischen Selbstbewusstsein und Arroganz. Formulieren Sie Ihr Anliegen am besten immer als Angebot. Also noch einmal, bitte nicht: »Sie müssen eine Geschichte über mich schreiben«, sondern: »Wäre dies ein interessantes Thema für Sie?«

Natürlich kann es Ihnen passieren, dass Sie auf diese Frage eine glatte Absage erhalten. Die Gründe dafür können vielfältig sein: Das Thema ist ausgereizt. Oder die Redaktion hat schlechte Erfahrungen damit gemacht. Oder der Journalist kapiert das Gewicht des Themas nicht. Oder es ist ein Tabu in der Redaktion. Oder Sie haben Ihr Thema nicht richtig auf den Punkt gebracht. Oder den falschen Ansprechpartner erwischt. Aber auch solch eine klare negative Aussage ist prima für Sie, denn dadurch sparen Sie überflüssige Zeit und Mühe. Sie können sich andere, vielleicht besser geeignete Medien suchen. Und sich eine noch stärkere »Verkaufe« überlegen.

3. Argumentieren
Stoßen Sie auch nur auf einen Hauch von Interesse an Ihrem Thema, können Sie jetzt Argumente nachlegen: Was ist neu an Ihrem Angebot? Warum sollten sich die Leser dafür interessieren? Was hat die Zeitung, die Zeitschrift oder der Sender davon, darüber zu berichten? Welcher aktuelle Bezug steckt dahinter? Welcher Gag?

Verschonen Sie die Redakteure dabei möglichst mit theoretischen Exkursen. Denken Sie daran: Sie sind der Experte/die Expertin in Ihrem Spezialgebiet. Ihr Gesprächspartner hat vielleicht keine Ahnung von Ihrem Thema, ist aber der Experte im Journalismus. Versuchen Sie deshalb, »Bilder« in seinem Kopf zu erzeugen, Gefühle hervorzurufen, Erfahrungen aus seinem eigenen Leben anzusprechen. Sodass er begreifen kann, wo der »Drive«, die Spannung in der Geschichte steckt.

In dieser Phase verkaufen Sie Ihre Story – oder nicht. Ich empfehle Ihnen, vor dem Gespräch eine Argumentationsliste vorzubereiten. Und gleichzeitig gründlich Ihr Zielmedium zu recherchieren: Welche Rubriken eignen sich für Ihre Geschichte? Wie heißen die Ressorts?

Es kommt gar nicht gut, wenn Sie mit Ihrer Geschichte in den Teil »Modernes Leben« möchten, dies aber der Name der Rubrik im Konkurrenzblatt ist. Oder, wie es mir schon passiert ist, wenn mich jemand auf unseren Berufsteil ansprach: »Sie betreuen doch das Ressort ›Chancen‹?« – »Nein, das ist die Konkurrenz, mein Ressort heißt ›Karriere‹.« Ich merkte sofort, wenn jemand mein Blatt eigentlich gar nicht kannte oder vor vielen Jahren das letzte Mal gelesen hatte. Und ich nahm übel. Wenn sich die Anrufer nicht für meine Arbeit interessierten, warum sollte ich mich für ihre? (Natürlich wird sich ein Journalist nicht nur aus verletzter Eitelkeit gute Geschichten durch die Lappen gehen lassen, aber das aufmerksame Interesse ist doch getrübt.)

Lesen Sie das Blatt vorher genau, in dem Sie groß herausgebracht werden wollen. Sehen Sie sich die Sendung an, in der Sie gern vermarktet werden möchten. Sie erzielen auf jeden Fall Pluspunkte, wenn Sie das Medium kennen.

4. Abschließen

Sie spüren, Ihre Argumente haben verfangen, das Interesse ist da? Jetzt heißt es, die Weichen für die Umsetzung zu stellen. Fragen Sie: »Wie machen wir es? Soll ich Ihnen eine Pressemitteilung senden? Oder meine Unterlagen? Schicken Sie einen Reporter bei mir vorbei? Oder wäre es Ihnen lieber, dass ich Sie in der Redaktion besuche?« Sie merken, auch jetzt lassen Sie wieder alle Optionen dem Journalisten/der Journalistin. Dadurch wird Ihr Gesprächspartner sich nicht unter Druck gesetzt fühlen, sondern kann selbst, unter Berücksichtigung seiner Arbeitsbedingungen, die Geschichte auf den richtigen Weg bringen.

Und noch ein Gedankengang zum Thema Presse: Wenn Sie Buchautor/in sind, Vorträge halten, in Kongressfoldern auftauchen, sich in Fachbeiträgen einen Namen machen, in der Branche zur Größe werden, ist die Wahrscheinlichkeit groß, dass sich Journalisten bei Ihnen melden, Sie also die berühmte »Sogwirkung« erzielen. Sprich: Je häufiger Sie sich zeigen, je öfter Ihr Name auf Einladungen etc. erscheint, umso größer sind Ihre Chancen, medial entdeckt zu werden!

Hervorragend in Hauszeitschriften

»Unser Journal«, »Mitarbeiterbrief«, so und ähnlich heißen die Hauszeitschriften, die die interne Kommunikation eines Unternehmens verbessern sollen. Erscheint auch in Ihrem Unternehmen so eine Zeitung, können Sie diese Postille für Ihre Selbst-PR nutzen. Ich weiß von vielen Redakteuren dieser meist monatlich erscheinenden Druckwerke, dass sie sich über jeden qualifizierten Beitrag freuen. Nur aus der Not heraus, aus Mangel an Themen dominieren meistens Fotos von Vorstandstreffen oder die berühmte Liste »Unsere Jubilare«.

Überlegen Sie daher: Über welches aktuelle Thema könnte ich für die Unternehmenszeitung schreiben? Was könnte die Kollegen interessieren? Worüber weiß ich gut Bescheid? Bin ich beispielsweise Experte für das neue Computerprogramm, das jetzt unternehmensweit eingeführt wird? Habe ich mit anderen Kollegen zusammen einen »Quality Circle« gegründet? War ich auf der Schulung für die neuen Spesenabrechnungsvorschriften, die ab nächstem Jahr gelten? Habe ich einen Vorschlag für ein einheitliches Erscheinungsbild der Abteilungsberichte? Gab es einen kuriosen Vorfall mit einem Kunden, einem Gesprächspartner?

Ich kann hier nur Themen erfinden – Sie sind der Experte, die Expertin, und Sie allein wissen, mit welchen Artikeln Sie sich profilieren können. In meinen Seminaren erlebe ich immer wieder, dass die Teilnehmer schon nach kurzem Nachdenken drei, vier Themen aus dem Ärmel schütteln können, die druckbar sind. Nur probiert haben es die meisten noch nie.

Ich möchte Ihnen raten: Fragen Sie die zuständigen Kollegen einfach mal, ob sie Interesse an Ihrem Beitrag hätten. Machen Sie deutlich, warum dieses Thema gerade jetzt aktuell ist und warum es die Kolleg/innen interessieren wird. Machen Sie vor allem deutlich, warum gerade Sie diesen Beitrag schreiben sollten!

Professionell bei Präsentationen

Selbst die ausgebufftesten Manager/innen hassen Präsentationen wie die Pest. Kennen Sie das Gefühl: Alle starren Sie an, warten nur auf einen Fehler Ihrerseits, sind bereit, Ihren Vortrag gnadenlos zu zerpflücken? Man sieht es den Rednern an der Nasenspitze an, wie unwohl sie sich fühlen. Ihre ganze Körpersprache sagt: Ich möchte hier nicht sein. Sie krallen sich am Rednerpult fest oder vergraben ihre Hände tief in den Hosentaschen (um ganz bei sich zu sein, wie ich gern spöttisch bemerke). Sie wippen die ganze Zeit hin und her, sie lesen Wort für Wort ihr Manuskript vor. Oder sie tanzen nervös auf der Bühne herum, »bringen sich aus der Schusslinie«, wie Kollege Samy Molcho sagt.

Wenn Sie Präsentationen für Ihre Selbst-PR nutzen wollen, sollten Sie als Erstes Ihre Einstellung ändern. Schaffen Sie sich eine positive Motivation: Sie haben Interessantes zu präsentieren, und Ihr Publikum ist begierig, es zu erfahren. Sie wissen viel mehr als die anderen und können ihnen Lösungen für ihre Probleme bieten. Die anderen sind nicht missmutig, sondern neugierig auf Sie. Nutzen Sie diese Chance. Nie hört man Ihnen konzentrierter zu. Jetzt können Sie zeigen, was in Ihnen steckt.

Unter Präsentationen versteht man die verschiedensten Arten von Vorträgen:

- den Bericht über eine Recherche vor der Abteilung,
- eine Diashow vor großem Publikum,
- eine Präsentation von Entwürfen bei dem Kunden einer Werbeagentur,
- den Zwischenbericht einer Projektgruppe beim Vorstand,
- die Produkteinführung vor ausgewählten Gästen.

Damit Sie diese Bühne optimal nutzen können, checken Sie vor jeder Präsentation Ihre Selbst-PR-Grundlagen ab: Welches USP zeichnet Sie als Vortragende/n aus? Welches Ziel verfolgen Sie? Mit welchen Themen/Thesen können Sie überzeugen? Mit welchen Mitteln können Sie dies erreichen? Und wer ist Ihre Zielgruppe?

Was immer Sie präsentieren, Sie präsentieren sich selbst immer mit. Von Ihnen und Ihrer Begeisterung für das Thema hängt es ab, ob Ihnen Ihr Publikum folgt oder gähnend in leichten Halbschlaf sinkt. Prüfen Sie also vorher: Stehe ich hinter meiner Präsentation? Sage ich das, was ich wirklich meine? Wenn nicht, wie müsste ich sie variieren? Wir können nicht »verkaufen«, was wir nicht mögen!

Was streben Sie mit Ihrer Präsentation an? Wen wollen Sie beeindrucken? Schreiben Sie sich Ihr Ziel auf, beispielsweise: »Ich möchte, dass ich mit der Leitung der Projektgruppe betraut werde.« Und überlegen Sie, wie Sie dieses Ziel am besten erreichen.

Was ist Ihnen bei der Präsentation besonders wichtig? Was soll unbedingt in den Köpfen Ihrer Zuhörer ankommen? Finden Sie einen Weg abseits von Althergebrachtem. Warum sollten Sie Ihre Präsentation genau so durchführen wie Tausende vor Ihnen? Können Sie einen eigenen Stil entwickeln? Durch unkonventionelle Kreativität verblüffen? Riskieren Sie ruhig mal, Erstaunen oder sogar wilden Widerspruch zu ernten. So bleiben Sie auf jeden Fall im Gedächtnis.

Sorgen Sie dafür, dass die Technik Ihnen keinen Streich spielt. Testen Sie vor Beginn den Overheadprojektor, machen Sie sich mit den verschiedenen Schaltern vertraut, und legen Sie Ihre Folien bereit.

Dasselbe gilt für den Diaprojektor. Vergewissern Sie sich, dass Sie die wichtigen Knöpfe auch im Halbdunkel finden.

Überprüfen Sie das Mikrofon, falls vorhanden. Es gibt nichts Peinlicheres, als wenn zu Beginn einer schwungvollen Präsentation der Vortragende verzweifelt ins Mikro pustet.

Probieren Sie die Filzstifte am Flipchart aus. In der Regel ist mindestens einer ausgetrocknet.

Denken Sie immer daran: Die Technik ist nur ein Hilfsmittel. Sie sollen sich nicht als »Overheaddompteur« oder »Diawerfer« beweisen. Ihr Publikum soll auf *Sie* schauen, Ihnen zuhören. Mir ist ehrlich gesagt jeder spontane Vortrag, der mit innerer Begeisterung präsentiert wird, lieber als die perfekteste, aber kalte Multimediaschau! Ich möchte dazu eine Stelle aus einem Ratgeber »Rhetorik: Das Trainingsprogramm« von Ruth Lerche zitieren: »Das Thema des Abends: Pressearbeit – Umgang und Zusammenarbeit mit der Presse. Das Publikum: ungefähr sechzig Frauen. Die beiden Referentinnen Sabine A. und X. X. haben sich nicht abgesprochen und halten inhaltlich den gleichen Vortrag, aber präsentieren diesen mit unterschiedlichen visuellen Hilfsmitteln. Sabine A. bittet die Frauen gleich zu Beginn, Bleistift und Papier bereitzuhalten, um einen kleinen Test zu machen, der zum ersten Punkt ihres Vortrags führen wird. Ihre weiteren Punkte schreibt sie in gefälliger großer Handschrift als griffige Schlagzeilen auf das Flipchart und erläutert, den Zuhörerinnen zugewandt, mit anregenden Beispielen ihre Vorstellungen von Pressearbeit. X. X. benützt für ihren Vortrag den Overheadprojektor, auf den sie Folien mit einem trockenen Text legt, den sie abliest. Im Gegensatz zur ersten Referentin kann sie keinen Kontakt zum Publikum aufbauen. Der gedruckte Text wirkt unpersönlich und steht zwischen den Frauen und ihr.«

Haben Sie immer Ihre Zielgruppe im Visier: Recherchieren Sie vor Ihrer Präsentation, zu wem Sie sprechen werden. Auf welchem Wissensstand ist Ihr Publikum? Was können Sie an Kenntnissen voraussetzen? Welche Sprache müssen Sie sprechen? Was erwarten die Leute von Ihnen? Wo sollten Sie Ihre Schwerpunkte setzen? Und fragen Sie sich bei allem: Wie lange sind meine Zuhörer in der Lage, sich zu konzentrieren? Die meisten Präsentationen sind einfach zu lang. Denken Sie an Martin Luther: »Man kann über alles predigen, nur nicht über dreißig Minuten.« Heute tendiert die konzentrierte Aufmerksamkeit der Menschen eher noch nach unten. Berücksichtigen Sie das bei Ihrer Planung.

Wollen Sie länger reden, dann müssen Sie aus Ihrer Präsentation eine »Performance« machen, mit Unterhaltungselementen (das heißt nicht, dass Sie plötzlich steppen oder Witze erzählen sollen). Sprechen Sie so viele Sinne wie möglich an, geben Sie Ihren Zuhörern Zeit, sich selbst Gedanken zu machen, Fragen zu beantworten oder sich auszutauschen. Und zwei, drei Lacher sollten auf jeden Fall drin sein.

Mein Tipp: Bereiten Sie sich eine Checkliste mit Ihren Selbst-PR-Grundlagen vor, die Sie bei der Vorbereitung einer Präsentation nur noch ausfüllen müssen. Je sicherer Sie sich über Ihre Vorgehensweise sind, umso weniger Lampenfieber werden Sie haben (ein bisschen gehört einfach dazu!).

Noch etwas: Haben Sie keine Angst, auch mal zuzugeben, dass Sie etwas nicht wissen. Können Sie auf eine Frage nicht antworten, bieten Sie an, sich schlau zu machen und den Frager später zu informieren. Merken Sie sich aber die Frage, und bereiten Sie für die nächste Präsentation eine gute Antwort vor.

Eine wunderbar souveräne Reaktion habe ich von Andy Grove, dem Präsidenten von Intel, erlebt. Während einer großen Europapräsentation der neuen Intel-Prozessoren vor Hunderten von Journalisten bekam er nach seinem sympathischen, engagierten Vortrag eine technische Frage gestellt. Er stand da, sinnend, mit verschränkten Armen, die Ruhe selbst, man konnte ihm direkt beim Denken zusehen, die Zeit verging, es war mucksmäuschenstill. Dann schüttelte er den Kopf und sagte mit einem Lächeln: »I have no idea.« Punkt, fertig. Dann bat er den Frager, doch bitte seine Visitenkarte dazulassen, dann werde man ihm die Antwort telefonisch geben.

Mir selbst war fast das Herz stehen geblieben, während wir auf Antwort warteten. Umso größer war das Aha-Erlebnis danach: Ich darf zugeben, dass ich etwas nicht weiß. Ich darf mich zu meiner Unvollkommenheit bekennen. Wie wunderbar. Ich danke Andy Grove für diese Lehrstunde.

Top am Telefon

Es ist nachmittags Viertel vor fünf. Ihr Telefon klingelt. Eigentlich waren Sie schon auf dem Sprung in den Feierabend. Verärgert nehmen Sie ab und »bellen« Ihren Namen in den Hörer. Pech, wenn gerade dann der Geschäftsführer Ihrer Firma am anderen Ende der Leitung sitzt. Oder Ihr Hauptkunde, um dessen Auftrag Sie schon seit Wochen baggern.

Denken Sie daran: Auch am Telefon können Sie sich entweder hundsmiserabel oder exzellent verkaufen – und dafür haben Sie nicht mehr als sieben Sekunden. In dieser Zeit entscheidet Ihr Gesprächspartner, ob er Sie sympathisch findet oder nicht. Erschwerend kommt hinzu: Sie haben dafür nur Ihre Stimme zur Verfügung. Wie immer sie klingt – ablehnend oder genervt, fröhlich oder offen –, so wirken Sie auf Ihr Gegenüber.

Doch nicht nur diese sieben Sekunden entscheiden über Ihre erfolgreiche Selbst-PR. Wenn Sie professionell auf den Anrufer eingehen, bringt Ihnen das ebenfalls Pluspunkte:

- Lassen Sie das Telefon nicht zu lange klingeln. Schon nach dem fünften Klingeln ist Ihr Anrufer verärgert: »Geht denn bei dieser Sch...firma niemand ran?«
- Konzentrieren Sie sich auf das Gespräch. Wenn Sie angerufen werden, unterbrechen Sie Ihre Arbeit, nehmen Sie sich drei Sekunden Zeit, bevor Sie abnehmen. Und dann – lächeln Sie in den Hörer. Experten wissen, dass man ein Lächeln »hören« kann. Und Sie tun ganz Entscheidendes für Ihr Image – und das Ihrer Firma.
- Notieren Sie den Namen Ihres Anrufers. Wenn Sie ihn zu Anfang nicht richtig verstanden haben, fragen Sie ruhig nach. Sprechen Sie den anderen mit seinem Namen an – aber nur da, wo es wirklich passt. Es gibt nichts Schlimmeres als diese geschulten Telefonstimmen, die vierzehnmal hintereinander »Ja, Frau Asgodom«, »Gut, Frau Asgodom«, »Wie machen wir das dann, Frau Asgodom?« ... sagen.
- Nutzen Sie die Erkenntnisse des »Power Talking«, das George Walther in seinem Buch »Sag, was du meinst, und du bekommst, was du willst« beschreibt. Power Talking heißt, ganz kurz zusammengefasst: Gehen Sie positiv an Dinge heran. Betonen Sie gegenüber Ihrem Gesprächspartner, dass Sie gern etwas machen werden. Also anstatt zu sagen: »Ich weiß nicht, ob das überhaupt möglich ist«, sagen Sie: »Ich werde gern versuchen, das möglich zu machen.« Oder statt »Ich

habe keine Ahnung, wann Dr. Müller wiederkommt«, sagen Sie: »Ich richte Herrn Dr. Müller gern etwas aus. Kann er Sie zurückrufen?«

- Fassen Sie am Schluss des Gesprächs kurz dessen Inhalt zusammen. Dadurch vermeiden Sie Missverständnisse, Ihr Gesprächspartner fühlt sich verstanden, und Sie wissen, was Sie zu erledigen haben.
- Sind Sie wirklich mal im Superstress und erleben das Gebimmel als feindlichen Angriff? Dann bitten Sie einen Kollegen oder eine Kollegin, Ihnen wenigstens eine Zeit lang Anrufer vom Hals zu halten. Wenn Sie dann wieder »besser drauf« sind, können Sie positiv gestimmt zurückrufen.

Wo liegen Ihre Selbst-PR-Bühnen?

1. Im Unternehmen?

___

___

___

___

2. In der Branche?

___

___

___

___

3. Im Umgang mit Kunden?

___

___

___

___

Jetzt geht's richtig los

Sie haben jetzt die »magischen sieben« Grundlagen guter Selbst-PR kennen gelernt, ich hoffe, die Beispiele haben Ihnen Lust darauf gemacht, Ihre Großartigkeit zu beweisen. Ich weiß, dass jetzt erst die Arbeit beginnt, nämlich die Umsetzung. Wenn Sie dabei Hilfe brauchen, stehe ich Ihnen gern als Coach zur Seite. Informationen über Coaching und unsere regelmäßigen Selbst-PR-Seminare in München bekommen Sie hier:

ASGODOM LIVE
Prinzregentenstraße 85
81675 München

Tel. +89 98 24 74-90
Fax +89 98 24 74-98

E-Mail: info@asgodom.de

Oder besuchen Sie unsere
Homepage: www.asgodom.de